어머니의 하늘과 바다

박정미 수필집

어머니의
하늘과 바다

창조문예사

머리말

　가을이 깊어가는 날 언어로 구슬을 꿰듯 또 한 권의 수필집을 통해 영혼의 열매를 추수할 기회가 기적처럼 찾아왔다. 한 편의 글을 쓰는 고운 언어의 시작은 언제나 어머니와 함께 떠오른다. 이번 두 번째 수필집도 어김없이 어머니의 삶에 무릎을 꿇었다. 어린아이처럼 어머니 앞에 기어가는 심정으로 그분의 기억을 붙잡아보았다. 어머니의 깊어가는 주름살을 보며 아련한 기억들을 하얀 천으로 보이는 지면으로 옮겼다. 수를 놓듯 어머니 심정을 헤아리고 싶었다.
　어머니의 삶으로 들어가는 길은 이미 다 지나간 일임에도 불구하고 기억조차 아프다. 목구멍으로 뜨거운 것을 삼키는 순간들을 다시 맞이하는 작업이었다. 그러면서도 불순물이 제거된 순금처럼 기억과 함께 강한 햇살이 나를 비추었다. 이렇게 어머니를 추억하는 것은 쓰디쓴 감정을 만지는 일이지만 반면 묘한 승리를 가져다준다.

아무도 가보지 못한 길을 걸어가신 어머니의 길이 나에게는, 큰 자랑처럼 인이 되어 버린 셈이다.

　어머니의 발자국을 따라가다 보면, 하늘이 보이고 바다가 보인다. 어머니의 말씀들을 기억하다 보면 작은 풀들이 보이고, 나무들이 보이고 꽃들을 사랑하게 된다. 무슨 연고인지 아직은 잘 모르면서 글을 써간다. 어쩌면 어머니를 만질수록 하늘이 가까워지고 바다가 그리워지기 때문일 것이다. 어머니에게 미안한 마음이 들수록 작은 풀 한 포기의 생존에 발길이 멈추기 때문이다. 자연의 생존 속에서 어머니의 꿈을 보았기 때문일 수도 있다.

　어머니를 바라볼수록 나를 자연으로 데려가 주신다. 어머니는 나를 자연으로 그리고 신에게로 데려가 주신 위대한 조력자이시다. 나에게 어머니는 큰 바다이며 높은 하늘이다. 어머니로 인해 나는 회개하며 익어가는 삶이 가능할 수도 있다. 모든 이에게 어머니는 이렇듯 인생을 진지하게 만드는 신의 손길일 것이다. 구순의 어머니 생전에 회개하는 마음으로 이 수필집을 헌정하게 됨을 기쁘게 생각한다.

 이 수필집을 출판할 수 있도록 월간 《창조문예》 연재를 허락해 주신 최규창 주간님과 임만호 회장님께 감사를 드린다. 창조문예사의 모든 분들의 수고로 두 번째의 수필집이 나올 수 있는 것, 또한 감사한 일이다. 그리고 나의 영원한 구원이신 주님의 은총에 무한한 영광을 돌린다.

2024년 10월 15일.
박정미

차례

머리말 • 4

1부_ 어머니의 숲속

어머니의 하늘과 바다 • 12
군인의 청혼 • 죽음의 문을 넘어 • 새 생명의 탄생
베틀 소리

어머니의 식탁 • 20
90세 생신을 잊어버렸다 • 내일만 사는 딸 • 어머니의 식탁
소라를 포대로 끌고 오신 어머니 • 우럭탕은 손님상에만
어머니의 밥상

여름 바다의 어머니 식탁 • 35
보라색 가지나물 • 바다색 미역오이냉국
검정색 황발이 간장게장 • 회색의 참고둥 다싯국
초록색의 굴된장나물무침 • 검은빛 양탄자 같은 세모볶음
갈색 톳나물 • 보랏빛 곤쟁이젓 • 하얀 조개젓
여름 고둥들의 잔치

진귀한 어머니의 자연밥상 • 50
우뭇가사리 • 여름에 먹는 봄나물 • 명절 잔칫상처럼
가뭄 양식 • 축복의 떡

자연의 위로자를 찾아 • 64
밤바다의 해루질 • 밤바다에서 길을 잃은 어머니

할머니가 들려준 옛날이야기 • 가을의 밤바다
바다의 물거품처럼 사라진 재산

2부 • 나무의 숲

어머니를 닮은 사람들 • 80
마음의 고향 우도 • 유럽의 향기 • 훈데르트 바서 하우스
나는 왕이다 • 공간을 뛰어넘는 만남
바서가 만든 자연으로 달리는 마음

가을의 작별 인사 • 94
단풍나무 • 플라타너스 • 올레길 • 아그배나무
나도 나무처럼 • 버즘나무 • 누리장 열매 • 누리장나무
참빗살나무 • 산수유 • 구름꽃 • 낙엽 향수

가을과 겨울이 있는 산 • 108
나무 백화점 • 산사나무 • 설탕단풍나무의 국격
산수유 – 이름을 빌려주며 서 있는 나무 • 생물다양성협약
계수나무 • 만인산에 살고 있는 동식물 • 인내하는 나무
숲 집, 숲 학교 • 소나무 길

작은 생명들의 아름다움 • 122
이끼 꽃 • 나무의 소리 • 대팻집나무 • 죽은 나무의 조문
'깃대종' • 동물이 주는 교감 • 바위 위에 나무
가로수 특화거리

수목원의 친구들 • 136
숲속의 정원 • 블루수련(Water Lily)과 푸른 별 • 야자나무
특별한 야자나무들 • 아름다운 이름의 고사리
극락조화와 여인초 • 향기로운 꽃 • 새우풀 꽃
천사의 나팔꽃 • 베고니아(Begonia)

3부 • 풀의 숲

빛의 질서 • 152
서울의 거리 • 빛의 거리 • 역사의 빛 • 맛의 빛 • 글의 빛
공동체의 빛

봄의 찬가 • 165
청계천의 신선 • 광장시장 • 경기여고 훼화나무
조선을 기린 훼화나무 • 봄의 눈

봄의 언덕에 쓰인 편지 • 179
살구꽃의 향기 • 봄나물 • 야생화 • 들풀 • 봄의 어울림

동해바다 • 193
묵호등대(燈臺, lighthouse) • 붉은색 등대의 언어
흰색 등대의 언어 • 노란색 등대의 언어 • 녹색 등대의 언어

4부 • 바다의 숲

여름 바다의 풍경들 • 212
갈매기 가족이 되어 본 아침 • 조개의 귀족 백합조개잡이
신두리 사구를 기억하며 • 여름을 닮은 문인들

여름이라는 아름다운 별 • 227
수국의 별에 사는 어린 왕자 • 작은 언덕에 내려온 꽃 세상
여름날 영적인 노동 • 나의 계절은 더 이상 여름이 아니다

여름의 추억(꽃) • 242
어머니 냄새가 나는 분꽃 • 수련과 연꽃 사이

가을에 일어서는 풀꽃 • 252
별을 닮은 여뀌 식물 • 여뀌풀 친구들 • 가을 나무
풀꽃이 어머니처럼

1부
어머니의 숲속

어머니의 하늘과 바다
어머니의 식탁
여름 바다의 어머니 식탁
진귀한 어머니의 자연밥상
자연의 위로자를 찾아

어머니의 하늘과 바다

군인의 청혼

미움은 언제나 시어머니 품에서 암세포처럼 자라나는가 보다. 내게 인생의 애달픔을 가르쳐주신 할머니는 내 어머니의 적이었다는 사실이 슬프다. 할머니는 혈육의 애정 외에는 달리 마음을 쓸 일을 모르는 분 같았다. 할머니의 마음속에는 자신이 소중히 여기는 사람 외에는 적으로 돌리고 미워하시는 고통의 삶을 스스로 선택하셨다. 그 적은 다름 아닌 나의 어머니였다.

어머니는 법도 있는 가문에서 자라 귀한 집으로 시집을 보내려는 촉망받는 신부였다고 한다. 어머니는 친정의 대가족의 생활사를 통해 인생의 지혜를 일찌감치 터득하여 오빠들의 눈에 들어 칭찬을 받으며 살았다고 한다. 어머니는 누구나 탐내는 신붓감이었다.

한편 기울어가는 집안을 일으켜야 되는 아버지는 중매를 통해 어머니를 알게 되었다. 아버지의 애절한 청혼을 뿌리칠 수가 없던 어머니는 그렇게 그의 아내가 되기로 한다. 병들어 죽어가는 자신의 어머니를 돌볼 사람이 필요한 아버지는 준비 없는 결혼식을 하게 된다. 첫날밤을 치룬 어머니에게 이웃집에서 빌려온 이불을 찾으러 왔단다. 아버지는 군 복무기간에 일주일의 휴가를 받아서 결혼식을 하고 부대로 복귀하셨다.

가난하고 병든 시어머니와 시동생이 있는 집으로 시집온 어머니는 고난의 문으로 들어가셨다. 어머니가 집안을 살펴보니 이런 집 정도라면 '내 손안에 있다'라는 자신감이 생겼다고 한다. 그 후 병든 시어머니를 지극 정성으로 돌보니 임종을 기다리던 시어머니는 병상에서 벌떡 일어나 자신을 살려주었다며 어머니를 딸처럼 이뻐하셨단다.

그러나 시댁의 생활방식을 고쳐나가자 지금까지의 사랑은 호된 질책과 미움으로 바뀌게 되었다. 매일 쌀을 빌려 다음 날엔 이자 쌀을 갚던 생활방식은 가난할 수밖에 없었다. 어머니는 아침 일찍 일어나서 방아로 쌀을 찧어 하루의 양식을 준비하니 더 이상 꾸러 가지 않게 되었다. 집안일을 하고 밭에 나가면 먼저 나간 시어머니보다 민첩하고 부지런하여 몇 배로 일을 잘하셨다. 그러나 이 부지런한 이유가 말도 안 되는 미움의 대상이 되었다.

죽음의 문을 넘어

어머니의 부지런함 덕분에 생활의 어려움은 점점 윤택해졌다. 19살 어머니의 선택은 어머니 자신을 용감한 여장부의 삶으로 변하게 했다. 할머니의 미움은 극에 달하여 생명의 은인인 어머니의 정수리 머리카락을 한 움큼씩 뽑을 정도였다. 끝내 어머니는 병을 얻어 문지방을 넘을 수도 없을 지경에 이르렀다. 온몸은 꼬부라지고 머리카락은 엉크러지고 빗도 들어가지 않을 정도로 귀신의 몰골이었다고 한다.

서울에서 공부하고 계시던 아버지께 누군가가 연락하여 "자네 부인이 병들어 죽게 되었으니 집에 다녀와야 되지 않겠느냐"고 하셨단다. 아, 나는 지금도 이런 기억을 소환하시는 어머니의 이야기를 듣노라면 마음에 깊은 회한의 물결이 요동친다. 학문의 길만 걸어가시는 아버지의 선비 정신을 탓할 수도 없었다. 고달픈 삶의 방식을 스스로 정하신 어머니의 인생을 나무랄 수도 없었다. 다만, 내 가슴속에 슬픔의 강이 하나둘 만들어지고 있었다.

시부모에게 효도를 해야 하고 남편에게 복종하고 뒷바라지하려는 어머니의 인생관은 그 누구에게도 자신의 삶을 호소할 수 없었다. 어머니는 고난을 당할수록 악해지거나 원망이라는 가시가 돋아난 것이 아닌 오직 자신의 살을 깎아 먹고 계셨다. 고난이 커질수록 서서히 죽어가는 길로 들어가셨다. 시어머니에게 반항하거나 친정으로 도망가거나 서울로 간 남편을 따라가는 건 어머니의 길이 아니었다. 다만 남편이 성공하도록 참고 지내며 시어머니를 공경해야 한다는 인간의 도리를 목숨보다 더 아끼셨던 것 같다.

사랑에 목마르고 지독한 시집살이에 죽어가던 어머니는 아버지가 오셔서 돌보자 그 사랑으로 회복되었다. 할머니의 미움은 부지런한 어머니에게 삶의 주도권이 넘어갔다는 피해의식일 수도 있다. 시동생까지 합세하여 작대기로 내쫓는 파렴치한 일들을 당하셨다. 시어머니의 마음 한편에는 아버지가 출세하면 어머니와 살지 않을 것이라는 추측에 기인한 핍박이었다. 그렇지만 어머니는 죽음에 이를 지경의 모진 핍박 속에서도 친정에서 배운 인간의 도리를 지키며 사셨다. 어머니의 목숨에 죽음의 그늘이 드리워져 갈 때 아버지의 따뜻한 사랑으로 회생하게 된다.

새 생명의 탄생

아버지의 사랑과 연민 어린 간호로 어머니는 곧 회복되셨다. 그리고 바로 임신하게 되는데 그게 바로 나였다. 이런 탄생의 비밀을 듣게 되면 나는 어머니가 죽음을 이긴 것이 감사하다. 나는 어쩌면 어머니를 위로하기 위해 태어난 선물 같은 존재일 수도 있다. 그렇지만 이건 단순히 부모님이 속고 계신 세월이 더 많을 것이다.

생각이 많고 무서움이 많았던 나는 늘 침묵으로 일관하거나 앉아서 공부만 했다. 이런 모습이 부모님들에게 큰 기대감으로 다가왔다. 명석한 아버지에겐 자신의 뒤를 물려받을 천재가 나왔다고 착각을 하고 계셨을 것이다.

어머니는 공부만 하는 딸을 보며 제2의 고통의 문도 마주하며 터널을 뚫고 나가는 삶을 살 수 있었을 것이다. 그렇다면 나는 어머니에게 등대이며 하늘의 별이 된 셈이다. 막힌 터널도 뚫고 나간 건 그 터널 끝에 돈 많이 버는 딸이 날개를 달아줄 기대감 때문이었을 것이다. 나는 정말 잠시라도 진흙탕을 걷던 어머니의 발걸음을 한 발 한 발 건져올린 징검다리였던가?

주름진 어머니의 얼굴에서 피어나는 웃음은 이 세상의 어떤 꽃보다 아름답다. 어머니의 웃음꽃은 세상의 혹한 삶을 이기고 핀 웃음이기 때문이다. 어머니의 말씀은 한 마디 한 마디마다 큰 위로가 되어 내 앞에 태양처럼 비춰주신다. 책에서 읽거나 어디서 들은 것이 아닌 몸소 겪으시고 터득하신 인생의 철학이 묻어 있기 때문이다. 결국 학문이 많으신 아버지도 어머니의 지혜를 따라갈 수 없게 만드셨다.

나의 탄생은 죽음을 이기시고 얻게 된 어머니의 선물이라는 생각을 하게 된다. 어머니가 시어머니의 지독한 미움과 아버지의 사랑의 결핍으로 인해 돌아가셨다면 난 이 세상에 올 수 없었기 때문이다. 어머니는 시어머니의 미움을 인내와 사랑으로, 남편을 향한 고독과 절망을 정절과 소망으로 바꾸셨다. 예전의 어머니들은 이런 삶의 방식을 더 안전하고 평화로운 길로 알고 계셨던 것 같다. 이런 길은 예수님만이 걸어가셨던 길이 아닌가? 신만이 갈 수 있었던 길을 많은 우리의 어머니들이 가셨다.

베틀 소리

어머니가 죽어간다는 소식을 듣고 외삼촌이 병문안을 오셨다. 어머니를 본 순간 동생의 처참한 몰골에 너무 놀라서 차라리 죽으라고 야단쳤다고 한다. 아끼고 사랑했던 총명한 여동생의 힘든 삶에 마음이 무너졌던 것이다. 친정 오빠는 돌아간 후 충격이 크셨던지 얼마 안 되어 운명하셨다. 어머니는 그때의 일로 자기 대신 오빠가 죽은 것만 같다며 괴로워하셨다. 오빠에 대한 그리움이라는 또 다른 불치병을 평생 앓게 된다.

사랑은 병든 마음을 치료하는 약이 되어 신비한 기적을 일으킨다. 아버지의 병간호 이후 극적인 회복과 함께 나를 잉태하는 두 가지의 기적이 찾아온 것이다. 열 달 내내 하루도 안 빼고 신비한 태몽을 꾸셨기 때문이다. 참 듣기 좋은 이야기라서 어머니에게 위안이 되는 보석이고 싶다. 하지만 태교는 하기 어려운 삶의 연속이었다고 한다. 입덧은 없고, 오히려 하루 다섯 끼를 챙겨 먹을 만큼 식욕이 좋았다고 한다.

자식을 배 속에 잉태하고도 매일 일을 해야 했다. 가장 안 좋은 기억은 베 짜는 일이었단다. 내가 들으면 미안해할까 봐 구순이 되어서야 가까운 지인에게 "일을 놓지 못한 것이 가슴 아프다"고 말하셨다. 만삭이 다 된 어머니는 시어머니가 시키는 베 짜는 일을 거역할 수가 없었단다. 북을 끼워가며 한 올 한 올 베틀을 잡아당길 때마다 배에 부딪치는 소리와 충격으로 태아가 깜짝깜짝 놀랐다고 한다. 태아에게 미칠 고통은 생각도 못 하고 시어머니의 명령을 어길 수가 없었다고 한다.

그런 환경 속에서 태어난 나는 참 겁이 많아 조금만 큰 소리가 나도 늘 벌벌 떤다. 욕을 하며 싸우는 소리를 들으면 공포에 질려 무서움에 사로잡히곤 한다. 작은 벌레만 보아도 비명을 지르고 도망다니다가, 그것이 사라질 때까지 밤을 꼬박 샌다. 그런 공포감은 나이가 들어도 고쳐지질 않는다. 어머니는 이런 나를 보고 늘 야단을 치며 나무라셨지만 고칠 수가 없었다. 나의 약한 심성의 원인은 베 짜는 소리에 놀라서 심약한 딸이 된 거 같다며, 결국 다시 자신의 탓으로 돌리는 어머니의 눈물은 나를 그녀의 바다로 데려가 준다.

어머니의 식탁

90세 생신을 잊어버렸다

어머니에게 사랑의 빚을 많이 지고 살아간다. 그런 사랑을 특별한 날 잔치상으로 갚으면 된다는 생각으로 죄송함을 달랜다. 그건 어머니의 사랑을 안다면서도 받기만 한 것이 버릇이 되어 마음 한쪽에 미안한 그림자만 쌓여갔다. 어머니는 늘 곁에 있으니 언제든지 기회는 많다는 식의 가벼운 마음이었을 것이다.

"난 괜찮다. 니 덕에 산다. 얼마나 바쁘냐!"며 이해하시는 통에 더욱 나쁜 버릇이 생긴 것이다. 그렇게 매일 내일이라는 단어에 나를 매도하면서 90세가 되는 해 어머니 맘에 흡족한 멋진 생신상을 차려 교인들을 대접하면 된다는 마음이었다.

작은 위로조차 오늘 하지 못 하면서 내일 큰 잔칫상이 웬 말인가? 결국 그 내일은 코앞에 닥쳤는데 전혀 모르고 있었다. 오늘 못 하는 것을 내일 할 수 있다는 이 얄팍한 생각이 들통이 나고 말았다. 어머니의 생신 하루 전날 이연수 권사님이 "내일이 어머니 구순 아니신가요"라고 물어보셨다. 그 순간 구순이라는 단어는 익히 내 맘속에 간직했던 터라 '아차!' 하는 맘이 들었다.

언제 우리 곁을 떠날지 모른다는 생각에 마지막이 될지 모르는 생신을 꼭 챙겨야겠다는 맘이 어디로 새 나갔는지 알 수가 없었다. 더군다나 그 내일은 아버지 5주기 추모식에 가기로 한 날이었다. 근데 슬프거나 미안하다는 감정도 없이 내 자신이 허탈감과 함께 웃음이 나왔다.

교인들이 나보다 먼저 어머니의 용돈을 준비하고 용서될 수 없는 자를 용서하며 대신 위로해 주셨다. 급하게 저녁에 작은 케익을 사 와서 용돈 드리고 내일 아버지 추도식에 가서 맛있는 식사라도 대접하면 된다고 또 내일로 미루었다. 그리고 그날 밤 난 심한 고열이 생겨 아침에 선산으로 출발하려는 교인들의 시간을 지연시키고 병원으로 달려가니 코로나 2차 감염자가 되고 말았다.

설상가상 비는 내리고 일정을 앞당겼던 추도식은 취소되고 말았다. 다시 모든 게 먼 내일의 일이 되어 버렸다.

어머니에 대한 배려는 아주 작고 사소한 일들조차 내일 또 내일 미룬 습관이 큰 범죄가 되어 허상뿐인 꼴이 되고 말았다. 코로나가 걸렸으니 정작 오늘이 와도 난 어머니에게 미역국조차 끓여주지 못하게 되었다. 그날은 제2여선교회에서 어머니께 다녀갔다고 들었다. 그리고 어머니는 딸 대신 믿음의 딸들에게 고마워 눈물을 흘리셨다고 한다. 나는 결국 화려한 잔칫상을 내일로 미루다가 어머니를 위한 작은 식탁조차 준비해 드리지 못했다. 나의 죄와 허물은 부끄러울 시간도 없이 천사들의 손길로 또 씻겨졌다.

내일만 사는 딸

나의 일상이 얼크러졌을 때 쉽게 도움의 손길이 와서 나를 일으키곤 했다. 심한 물질의 고난들도 어떻게 해서든지 도움의 손길이 왔다. 난관에 부딪쳐 죽음의 손길을 잡아도 죽음은 내게 오지 않았다. 끊임없는 나약한 세월 속에서도 많은 사람들의 호의와 친절이 뒤따랐다. 크나큰 행운의 손길들이 늘 있었지만 다른 사람의 호의에 기뻐하며 편승하지 못한 걸 후회하곤 했다. 프루스트의 '가보지 않은 길'의 연민으로 가슴에 사라지지 않는 비밀처럼 묻어두고 노래할 뿐 더 나은 길에 대한 열망들을 악착같이 붙잡지 못했다. 얼마나 많은 사람들이 귀히 여겨주고 붙잡아주고 도우려고 했던가? 이런 나를 미련하고 바보라고 여겼을 것이다.

시험을 아무리 중요하게 생각해도 정작 시험시간이 돌아온 날 우연히 읽던 명작들이 마음에 이끌리면 밤새 이해도 못하면서 읽었던 기억이 난다. 매일 공부하고 밤새워 공부하는데도 1등을 거머쥐지 못했다. 이상한 건 성적에 들어가지 않는 방학이 끝나고 개학식에 보는 시험은 최고였다. 그건 평가였지 성적에 들어가진 않았다.

친구들은 그런 내막을 잘 알고 힘쓸 때와 놀 때를 알고 즐겼다. 청소할 때도 선생님이 볼 때 하고 친구들이랑 같이 장난치고 노는 게 자연스러운 모습이었다. 그런 자연스런 상태는 내 성향이 아니었다. 그냥 청소시간이니 선생님이 안 보여도 하는 것이고 다 끝났으니 선생님이 오셔도 난 쉬고 있었다. 놀던 애들은 선생님이 오시면 망을 보다가 청소를 열심히 했다.

그런데 선생님들은 이미 알고 있었던 것 같다. 그런 나를 책망하지 않고 오히려 쉬운 교무실 교탁을 닦는 일이나 마루 걸레 대신 유리창을 닦는 일들을 시키셨다. 중요한 때와 시간들을 활용할 줄 모르면서 작은 일들에 마음을 뺏기면 목숨 걸고 다른 일들이 보이지 않는 것 같다.

이런 어리석은 마음에 나보다 더 어리석은 동의보감의 주인공의 줄거리에 애가 타 하룻밤만에 읽었던 기억이 난다. 과거시험보다 눈앞에 병든 사람들을 고쳐주다가 몇 번이고 시험을 치르지 못하는 그를 보면서 나는 더 위안을 삼게 되었는지도 모른다. 그런 습관들이 어머니의 소중한 90세의 생신을 날려버리고 말았다.

나를 내가 책망할 수가 없어서 웃음만 나왔다. 이런 나의 허물과 죄들이 씻어진다는 것이 신비한 일이다. 잘못된 길인데도 마음 편한 시간을 보내고 있다. 어머니는 믿음의 가족들에게 위로를 받고 웃으면서 내게 오셨다.

나의 죄는 다른 지체들에게 씻김받고 평안이라는 선물까지 누렸다. 용돈을 받아서 산소에 잠시 들렸다 오신 어머니는 정말 더 기운이 나 보였다. 우럭미역국을 끓이고 갑오징어를 사서 기쁜 마음으로 밥상을 차려오셨다.

결국은 아프다는 이유가 면죄부가 되어 어머니의 생신상은 내가 물려받고 말았다.

어머니의 식탁

어머니는 음식을 풍성하게 차려내신다. 아버지와 2인 가족이 사는 동안에도 주방에는 찌개며 국이 들어 있는 냄비 5개 이상은 올려져 있다. 뚜껑을 열어보면 절반 이상은 다 남아 있다. 어제 끓인 거 아침에 끓인 거 온갖 요리를 해서 매일 식탁에 풍성히 아버지를 대접하셨다. 그런 아버지는 매일 하루 세 끼를 식당 아주머니에게 인사하듯이 잘 먹었노라고 인사를 하셨다.

나는 이런 어머니의 생활에 불만이었다. 안 먹는 건 버리고 조금씩 끓이지 도대체 식당도 아니면서 뭐 하는 거냐고 따져 묻기도했다. 그럴 때마다 어머니 인정머리 없는 딸을 나무라듯 손님도 오면 줘야 되고 등등 이유가 많았다.

어머니의 식탁은 늘 약속 없는 손님을 위해 일년 내내 풍성한 찌개들이 끼니 때마다 넘치도록 요리되어 나왔다. 학교 소사들도 밥상을 술과 함께 차려내야 하는 손님들이었던 것이다. 그런 주변에 계신 분이 다 어머니의 손님이었다.

어느 날은 깍두기를 학교에 반찬으로 싸 간 오빠가 푸념을 했다. 창피해서 김치를 싸 갈 수가 없다는 것이다. 오빠가 싸 온 깍두기가 하도 커서 친구들이 너희집 식당 하냐고 했다며 투정을 부렸다. 그러면서 덧붙인 이야기가 귓가에 맴돈다. "남에게 하는 것 반만큼이나 자식들에게 해봐요." 아마 오빠는 서운한 일이 많았나 보다.

요리하는 어머니는 신출귀몰했다. 서울에서 공부하다가 방학 때면 아버지가 계신 학교 사택으로 가곤 했다. 식사를 차리는 소리를 듣고 일어나서 부엌으로 가보면 어머니는 계시지 않았다.

화구 위에 찌개들이 보글보글 끓고 있다. 분명히 넘쳐서 끌 시간인데 도대체 어디 갔을까 하는 순간 어머니는 거실 문을 열고 부리나케 들어오신다. 밭에 가셔서 싱싱한 파며 양념거리를 따오셔서 숭숭 썰어 넣으면 찌개의 끓던 국물도 숨을 죽인다.

어머니는 매일 식탁을 차리면서 전쟁을 하고 계신다는 생각을 했다. 그런데 그 전쟁에서 한 번도 어머니는 태우거나 넘치거나 실수하는 일이 없었다. 넘친들 어머니가 끓인 국들은 10명이 먹어도 남는 것이니 아까울 것도 없었다. 주방에서 조숙하게 살림살이하는 모습보다는 전쟁하는 어머니를 보고 살았다. 밥을 하면서도 앉거나 서서 무엇인가를 계속하셨다.

농사일도 한두 가지를 하는 게 아니었다. 밥하면서 산더미 같은 콩 다발에서 대접에 쏟아지는 파란 완두콩 소리는 총알을 주워 담는 듯 어머니의 눈동자는 살림왕 전쟁을 하고 사셨다. 아침 상에도 넘치는 찌개가 놓이고 점심에도 새로운 찌개와 함께 아침에 다 먹지 못한 찌개가 올라온다. 저녁에는 아침, 점심의 찌개와 함께 저녁 찌개가 다시 올라온다. 근데 어떤 것도 포기할 수 없을 만큼 다 맛있었다.

결국 어머니는 어려운 친척의 아이들을 데리고 살면서 밥을 해 먹이고 친딸처럼 키우셨다. 졸업할 때까지 뒷바라지를 하며 어머니의 식탁에서 키워내셨다. 친정 조카며 이웃 아이들까지 어머니가 보살핀 자식들이었다.

소라를 포대로 끌고 오신 어머니

우리 집에서 품앗이하는 날에는 언제나 많은 사람들이 와서 시끌벅적거렸다. 많은 사람이 할 일이 아닌데도 떼로 오셔서 일들을 하셨다. 우리 집 밥이 맛있어서 일

할 날만을 기다리다가 서로 다투며 오셨다는 것이다. 도대체 무엇이 맛있다는 말인가 했더니 그중에 총각김치 맛이 최고라고 하는 분들도 계셨다, 두부며 굴 반찬이며 전복 소라 장아찌며 먹을 것을 아끼지 않고 진수성찬으로 차려주니 이 집에 누가 일하려 안 오겠냐고 야단들이셨다.

그랬었다. 작은아버지도 늘 산을 넘어 염전에 가시기 전에 바닷가에서 술상을 받았으면서도 우리 집에 꼭 들르셨다. 어머니가 만든 음식들을 드시면서 호탕한 이야기를 두런두런하셨다. 그런 저녁이면 남자 목소리가 들려서 마음이 든든했다.

부지런한 어머니의 주방에는 시렁(선반)들이 있고 나뭇간이 있고 물두멍이 있었다. 물을 길어와서 하루 세 끼 밥을 하는데도 무슨 반찬이며 음식을 그리 많이 유축을 하는지 알 수가 없었다. 바다에서 잡아온 해삼이며 전복 소라 굴 등을 다 젓을 담가서 방학 때 오는 아버지며 작은아버지와 손님들에게 주곤 하셨다. 항아리마다 무언가가 담겨 있었다. 그중 오빠는 소라젓을 좋아했다.

어느 해 겨울 방학에 어머니는 오빠가 좋아하는 소라젓을 담아야겠다고 시장에 가셨다. 한참이 지나도 오시질 않아서 마중을 나갔는데 저만치 어머니가 큰 자루를 끌고 오신다. 달려가 보니 소라젓을 담그려고 큰 소라만 골라서 포대 한 자루를 사셨단다. 가져오시려니 무거워서 질질 바닥에 끌고 오실 수밖에 없었다. 난 그 순간 분명 어머니는 뭔가 잘못되었다고 생각이 들어 무서운 생각에 도망치듯 집으로 달려온 것 같다.

어머니는 분명 정상이 아닌 것 같았다. 아무리 오빠가 좋아하는 소라젓을 담가도 그렇지, 소라 한 포대를 시장에서 집까지 4km나 되는 거리를 끌고 오신 것이다. 힘에 겨운 일들을 포기하지 않고 무슨 전쟁처럼 반드시 해야 할 일로 하고 계셨다. 오빠가 얼마나 먹는다고 소라만 먹을 것도 아닌데 이해가 안 되는 것만이 아니라, 그냥 어머니가 무서워서 도망쳤다.

아마도 어머니는 그날 시장에서 가장 크고 맛있는 소라를 보고 몇 개만 사기는 너무 상품이 좋아서 장사할 것도 아닌데 다 사버린 것이다. 아들을 위해 아예 항아리 가득 담글 생각이셨던 것이다. 서울에 살 때도 오빠는 꼭 김장김치에서 뭔가를 뒤적거렸다. 꼭 소라젓을 찾아 먹곤 했던 것 같다. 서울에선 많이 넣을 수 없었던 게 한이 되었는지 다 크고 나서도 소라 자루를 사서 소라젓

밥상을 차려주고 싶었던 것이다. 어머니의 밥상은 한과 눈물과 사랑으로 임금님 밥상인 수라상이 되어 가족들에게 차려졌다.

우럭탕은 손님상에만

어느 가을날, 해질 때쯤 낚시 갔던 작은 키의 오빠가 소쿠리를 땅에 끌 듯 신나게 뛰어왔다. "엄마 엄마 나와 봐! 나 큰 우럭을 잡았어!" 그 순간 소쿠리에서 들린 우럭 한 마리는 어린 나의 눈에는 후에 생각하니 헤밍웨이의 『노인과 바다』에서 나오는 사흘간의 사투를 벌이는 그 고기보다 커 보였던 것 같다. 그 순간 나만 놀란 것이 아니라, 지붕 위에서 새 이엉으로 짚을 갈던 동네 어르신들이 다 놀라서 탄복을 하셨다. 그때 몇몇 분이 분명히 그 옆에 더 큰 우럭이 같이 있었을 텐데 그것까지 잡아왔어야지 쌍으로 다니는데 아쉽다고 하셨다.

그러면서 승부욕과 성취감에 들뜬 오빠를 부추겨서 빨리 가면 잡을 거라는 말을 하자 오빠는 신이 나게 달려갔다. 나는 그 모습이 지금도 눈에 선하다. 어머니를 닮았는지 낚시며 들에서 노는 일이며 신명 나게 열정을 가지고 살았던 오빠에게 더 큰 우럭이 있다고 하니, 오빠는 뛸 듯이 달려간 것이다. 한참을 기다려도 오빠는 오지 않았다.

그동안 어머니는 막 잡아 온 싱싱한 우럭을 다섯 토막을 내서 맛있게 우럭탕을 끓여 일꾼들에게 대접했다. 나는 언제나 주나 기다리는 그 순간이 참 인내하기 어려웠다. 꿀맛처럼 먹고 싶은 마음에 기다리고만 있었다. 한참을 지나 오빠는 아까의 승리감은 온데간데없이 지쳐서 노인과 바다에서 뼈만 남은 생선을 가지고 온 그 노인보다 더 허탈해 보였다. 어른들이 속인 것도 모르고 오빠는 자기가 한 마리를 잡은 그 바로 옆에 있던 놓친 우럭 생각에 안타까운 모습이 선연했다.

배가 고픈 오빠가 우럭탕 좀 달라고 하자 어머니는 일꾼들 다 주고 너희들 줄 것은 없다고 하셨다. 나는 그 말에 아무 말도 못했지만 그 우럭탕의 국물이라도 먹고 싶은 마음에 너무나 서운했다. 진짜지 그 구수한 국물 한 숟가락이라도 먹고 싶었는데 국물까지 닥닥 긁어서 손님들 상에 연신 퍼 주셨던 것 같다.

오빠는 아마 엉엉 울었던 것 같다. 나는 그 이후로 그때 먹어보지 못한 우럭탕의 맛을 다시는 느껴보지 못하고 산다. 오빠가 잡아온 크나큰 우럭의 승전보와 함께 맛보아야 될 맛은 이미 상상 속에 있었기에 그런 우럭탕은 다시는 없는 것이다. 그 이후 오빠는 늘 잡지 못한 한 마리의 우럭을 잡는 삶을 살고 있는 것 같아 마음이 아플 때가 많다.

어머니는 우리의 생각은 안중에도 없이 또 다른 식탁을 이웃을 위해 준비해 두시곤 했다. 바다에 다니시는 분들이 거쳐 지나가는 우리 집 마당 한쪽에 배고픈 분들을 위한 어머니의 식탁이 늘 차려져 있었다. 보부상 아주머니에게 따뜻한 잠자리와 먹을 것을 내어주시기도 하셨다.

어머니의 밥상

어느 추운 겨울 날, 어머니는 바다에 일을 하러 가셨다. 물이 들어오는 시간이 되어 다들 집으로 갈 길을 재촉하는데 어머니만 홀로 바닷가에 남아 큰 바위 밑을 더듬었다고 한다. 그날 말로만 들었던 범치라는 독 생선을 건드린 것이다. 한 번 쏘이면 그 독이 몸에 퍼져 퉁퉁 부어 죽을 수 있다는 범치를 잘못 건드린 것이다. 몸통에 달린 지느러미는 수영을 하기 위한 유연한 모양이 아닌 사납고 칼처럼 흉칙하고 뾰족뾰족한 게 독이 강한 생선에 속한다. 웬만한 남자들도 범치에 물리면 견디기 어렵다는 독 생선이다.

저녁 무렵 지붕에선 밥 짓는 연기가 굴뚝마다 피어오를 때이다. 다 죽어가는 어머니가 엉엉 울면서 소 외양간 문을 열고 퉁퉁 부은 얼굴로 들어오셨다. 죽는다고 소리치고 발을 동동거리던 어머니의 옆구리에는 여전히 바다에서 잡은 해산물이 담겨진 바구니도 들려 있었다. 난 지금도 빛이 희미해져갈 무렵, 큰 부상을 입고 죽어가는 병사의 모습으로 서 계신 어머니가 보인다. 어깨에 총자루 같은 바구니를 짊어진 어머니가 쫓기듯 대문을 놔두고 외양간 문을 열고 서 계신 모습이 생생하게 보인다.

다급했던 어머니는 소죽이 끓고 있던 외양간 문을 열고 쓰러지듯 바구니를 던지고 굴러 들어오셨다. 저녁때라 아무것도 안 하고 밖에서 일하고 들어오는 며느리에게 밥상 받을 생각만 하고 계신 할머니와 안방문을 열고 밖만 바라보고 있었던 것 같다.

그 순간 상상할 수 없는 일이 벌어진 것이다. 맛있는 생선이며 해물 저녁상을 상상하던 저녁 무렵 고함과 신음이 뒤섞인 채 어머니가 쓰러지듯 나뒹굴며 들어온 것이다. 때굴때굴 뒹굴면서 소 외양간 아궁이에 손을 쬐고 뜨거운 물을 붓기도 하며 안절부절 몸부림을 치셨다. 그런 끔찍한 상황에 어머니를 구할 사람은 아무도 없었다.

외양간의 덩치 큰 소조차 숨소리를 죽이고 어머니의 몸부림 속에 정적만이 맴돌 뿐이었다. 어린 나는 그냥 얼어붙어 있었고 어머니의 신음소리를 들으며 내 목숨마저 위협을 느끼는 숨 막히는 순간은 계속되었다. 엉엉 울며 고통하는 며느리를 위해 안쓰럽게 달래며 쩔쩔매는 할머니의 도움에도 고통은 쉽게 잦아들지 않았다.

아! 어머니의 끝이 없을 것 같은 몰아쉬는 숨과 아궁이 앞에서 타들어 갈 것 같은 위험한 순간순간이 어떻게 지나갔는지 알 수가 없다. 어떻게 어머니가 그날을 이겼는지 기억이 나지 않는다.

그러나 분명한 것은 범치보다 더 무서운 할머니가 고통하는 며느리를 향한 통곡은 어머니가 받은 애정 어린 어머니의 밥상이라는 생각이 든다. 함께 울고 소리치며 같이 괴로워하던 할머니의 모습에 독 생선에 물린 어머니의 통증은 사라진 것이다.

여름 바다의 어머니 식탁

보라색 가지나물

어머니는 이른 봄에 집 가까운 밭에 가지를 심으셨다. 가지꽃은 노란 수술을 길게 세운 채 보라색으로 피어난다. 이 꽃잎은 두꺼운 종이를 구겨 만든 것처럼 투박하여 메마른 땅에서 솟아난 듯하다. 심오한 보랏빛 가지꽃을 눈으로 먼저 맛보고 즐기게 된다. 이 심심한 나무에서 피어난 보랏빛 가지꽃을 보면 숙연한 마음이 들곤 했다. 어린 가지들이 자라기 시작하면 놀다가 심심할 때 간식으로 가지를 따먹으면 단맛과 알싸한 맛이 어우러졌다.

여름이 되면 어머니는 이 가지를 요리해서 식탁에 올려주셨다. 채반에 가지를 반으로 갈라 놓고, 밥솥에 찌거나 냄비에 쪄 살짝 익으면 다시 손으로 적당히 찢어서 묻힌다. 이때 조선간장과 마늘과 깨소금과 고춧가루를 조금 넣어 무치면 여름을 잊게 하는 맛이 난다.

요즘은 가지를 기름에 볶아서 요리하는데 기름이 과하면 니글거리는 맛이 난다. 이런 맛은 입에 친근하지가 않지만 맛의 기억을 밥 위에 얹어 먹어본다. 그래도 어머니가 조선간장을 넣고 손으로 버무린 맛이 더 생각이 난다.

유럽 여행 중에 맛본 지중해 식단 형태의 가지 요리도 그런대로 입에는 즐겁다. 이 가지 요리는 너무나도 단순하고 순수하여 자연을 먹는 느낌이 든다. 팬에 구워서 나오는 것인데 그런대로 가지 맛을 느낄 수 있어서 좋다.

쪼글쪼글 꾸겨진 보랏빛 가지꽃은 어머니의 가슴에 핀 침묵의 꽃이 되어 무언을 생각하게 된다. 더위가 한창일 때 어머니의 바람처럼 가지들의 목은 기린의 목처럼 길게 자라서 탐스럽게 매달렸다. 온통 몸이 보라색으로 변한 가지 요리를 먹고 나면 요란한 더위가 짜증 대신 어머니의 보랏빛 인내처럼 수그러졌다.

바다색 미역오이냉국

어머니는 한여름의 더위를 물리치기 위해 바다에 나가서 미역을 매어 와 말리기도 하시고, 생미역으로 냉국을 만들어 주기도 했다.

어머니는 샘에 가서 시원한 물을 떠와 미역냉국에 부어주셨는데, 어린 시절 똬리를 머리에 받치고 양동이를 이고 걸어오시는 어머니의 모습이 신기했다. 물 한 동이를 머리에 받쳐 이고 한 손으로 항아리 귀를 잡으시고 논두렁을 걸어오신다. 이런 묘기를 부리는 어머니는 어떤 마술사보다도 능숙했다. 생활 속에서 다양한 마술을 부리며 사시는 어머니의 삶은 진지했다. 이렇게 공수된 물을 부은 미역냉국은 바다를 마신 것처럼 바다 냄새가 가득했다.

미역냉국에 오이채를 썰어서 초록빛 줄을 띄우고 깨와 식초를 넣으면 여름의 무더위도 어머니의 솜씨 앞에 꼼짝할 수 없다. 지금은 얼음을 띄워 미역냉국을 만들어 주시는데 그 옛날 맛이 더 한층 살아난다.

오이밭에서 자라는 오이는 줄기식물이라서 어머니가 꽂아 준 막대기를 타고 자리를 잡았다. 오이꽃은 호박꽃보다 작으나 노랑 호박꽃을 닮아 있었다. 사실은 오이꽃은 수박꽃과 더 닮아 있었다. 지구의 온도가 점점 높아지는 때에 노란 꽃이 남기고 간 기다란 오이는 미역냉국과 만나 더위의 요란함이 잠잠해지는 비법이 되어 주었다.

어머니가 만들어 준 미역오이냉국에 코를 박고 벌컥벌컥 마셔대면 몸에서 나는 땀 냄새는 사라졌다. 입안에서 오독오독 씹히는 오이의 향긋함과 미끈거리는 미역을 껌처럼 씹으면 눅눅한 장마 기운도 쉽게 건조되었다. 어머니의 요리로 인해 여름은 우리 가족들을 더 괴롭힐 수 없는 즐거운 추억으로 쌓여만 갔다.

검정색 황발이 간장게장

황발이(농게)라는 게는 군대 조직처럼 갯벌에 서식하는 갑각류이다. 이 황발이가 고즈넉한 서해안 갯벌에 출몰하는 광경을 목격한 사람들이라면 그 광경에 놀라지 않을 수 없을 것이다. 자기 몸보다 큰 빨간색의 엄지발가락을 곧추세우고 회색의 무미건조한 갯벌을 정벌하러 나온 모습은 전쟁터에 나온 군대와도 같다. 이 군대는 싸우기 위함보다는 평화를 목적으로 훈련하는 위엄을 갖춘 장엄한 모습이다.

붉은색의 앞발을 든 모습은 붉은 창을 들고 적군을 향해 달려가는 듯하여 입이 떡 벌어질 수밖에 없다. 빗자루로 쓸어 담기만 해도 바구니에 한 가득 잡힐 것처럼 만만하게도 보인다. 그러나 예상과는 다르게 너무나도 빠르게 땅속으로 도망가서 쉽게 잡히지 않는다. 어머니들은 염분이 빠져나간 여름의 건강을 위해 이런 게를 능숙하게 잡아 오시곤 하셨다.

어머니는 1시간이나 걸어서 목말이라는 친정 동네로 가서 황발이를 잡아 오셨다. 이 황발이를 3일 정도 간장에 절인 후 고추를 절구통에 찧어서 넣고 마늘을 추가해서 비벼주신다. 이 황발이를 보리밥과 같이 먹는 맛은 별미였다. 황발이의 내장이 녹아내린 고소한 맛은 꽃게나 박하지의 간장게장보다 맛이 좋다.

대게 종류인 킹크랩이나 우리나라 영덕에서 잡히는 붉은 영덕게의 맛도 이 황발이 간장게장의 맛을 따라갈 수가 없다. 물론 이 맛은 어릴 적 먹어본 추억의 맛이기 때문에 문명의 교류로 먹게 된 서양의 대게의 맛보다 더 맛있다고 느낄 수 있다.

이것이 얼마나 놀라운 행복한 맛의 고향인가. 나는 맛의 고향이 있기에 그 고유의 맛을 음미하거나 추억할 수 있어 여름의 맛을 영혼의 고향처럼 그리워한다. 마음의 고향을 찾아가듯 풍부한 맛의 고향을 추억하며 산다.

회색의 참고둥 다싯국

참고둥은 소라 모양으로 생겼는데 껍질이 참 단단했다. 여름에 어머니는 바다에서 잡아 온 이 참고둥을 돌멩이로 깨치고 된장을 큰 항아리 뚜껑에 넣어 비비셨다. 믹서기가 없던 시대이므로 가는 것을 대신하신 것 같다.

된장을 넣고 박박 갈고 물을 넣고 갈고 더 많은 물을 넣고 갈면 껍데기는 가라앉는다. 껍데기가 가라앉으면 고둥 알맹이를 걸러서 된장을 넣은 맑은 냉국으로 먹는다. 된장 맛으로 먹는 다싯국은 보리밥에 말아서 먹으면 한 대접, 맛있는 양식이 되었다.

어린 시절에 어른들이 부싯돌이 놓여 있는 곳에 앉아서 열심히 이 참고둥을 깨던 것이 기억난다. 아마존 열대우림의 생존법 같기도 한 이 방식은 언제부터 시작되었는지 알 수는 없다. 여름이 되면 이 딱딱한 뿔들이 빼족하게 달린 고둥을 삶지도 않은 채 생으로 돌멩이나 망치로 깨뜨렸다. 이것을 시원한 물에 말아서 마시는데 된장 기운을 한 것이었다. 여름철 배가 아프거나 어떤 비방으로 드신 것 같기도 한데 맛은 씁쓸하면서도 시원했다.

가방도 없던 그 시절에, 어머니는 고생스러운 노동들을 마다하지 않으셨다. 바구니에 담아서 들고 다니거나 조금 큰 대나무 소쿠리를 등에 지고 바다에 일을 하러 가셨다. 키 작은 어머니는 해녀처럼 호미며 조새며 바다 연장들이 담긴 바구니를 장신구 대신 몸에 끼고 줄곧 바다로 향하셨다.

소쿠리에 담긴 고둥들은 바닷물이 마르기도 전에 돌이나 망치로 깨쳐서 된장냉국을 만들 어머니의 음식 재료가 되었다. 그런 어머니의 수고로 씁쓸한 고둥의 내장들은 떼어내고 바다의 기운이 담긴 고둥의 진액을 마셨다. 여름날 식욕이 떨어지지 않도록 보약의 의미로 준비된 지혜로운 어머니의 음식이었다.

초록색의 굴된장나물무침

여름이 깊어가면 어머니는 푸른빛 채소들로 나물을 해주셨다. 고춧잎을 따서 고추장으로 무쳐주는 맛은 신비하게도 고소했다. 더 고소하고 맛있는 푸른 나물이 있었다. 그건 바로 비름나물이었다. 이 나물도 간장에 고추장을 넣고 참기름을 넣고 무치면 채소에서 단백질 맛이 났다. 논에서 자라는 미나리를 따오거나, 산에서 대싸리나물을 따오기도 하셨다. 이 두 가지 나물에다 굴을 넣고 된장 기운을 해서 무치면 굴맛이 어우러져서 맛이 향기로웠다.

 이른 봄에는 논두렁마다 잎사귀가 큰 소르쟁이가 자라난다. 이 소르쟁이를 따서 굴과 마늘을 넣고 된장국을 끓이면 가을 아욱국보다 더 구수하다. 여름날 논둑에는 이 소르쟁이가 작은 여인초 잎사귀만큼 자라나서 화초같이 서 있다. 한여름에는 이 소르쟁이를 먹을 수가 없다고 했다. 시크름한 냄새가 나서 다른 나물을 찾아야 했다.

 산으로 가서 대싸리나물을 채취하여 굴을 넣고 된장과 함께 무쳐주셨다. 녹음이 짙어진 여름날 산으로 나물을 하러 가는 건 작은 키의 어머니에게는 많은 위험들이 따르는 일이었다. 산벌레들, 짐승들, 독을 품은 뱀들을 만나기가 쉽기 때문이다.

 그런 환경에도 불구하고 대싸리나물을 꺾으러 산으로 가신 날이었다. 한참을 채취하다 보니 등골이 오싹하여 구부린 허리를 펴고 위를 올려다보셨다. 나무 위에 커다란 뱀 한 마리가 나무에서 나무를 타기 위해 흔들거리고 있었다. 아차 순간에 어머니의 목덜미로 떨어질 순간이었다. 이런 소름 끼치는 순간에 어머니는 침착하게 뱀을 향해 소리를 치셨다. "어디 한낱 미물이 사람 있는데 다니는 거냐? 어서 썩 물러가지 못할까?" 어머니는 뱀을 향해 소리쳤고 순간 뱀은 나무를 건너가려는 걸 멈추고 스르르 사라졌다. 대싸리나물무침이 여리고 살얼음 맛이 난 건 어머니의 놀란 가슴으로 꺾어 온 것인 것을 그때는 몰랐다.

검은빛 양탄자 같은 세모볶음

이른 봄에는 세모(세모가사리)가 바위 위에 다닥다닥 붙어서 자라는데 검은빛 양탄자가 깔린 것만 같다. 크기는 1센티 정도인데 남자아이들이 머리를 깎은 후 숱이 많은 검은 머리가 자라난 것 같다. 검은 바위에 이 해초가 뒤덮이면 어머니는 전복 껍데기로 박박 긁어오셨다. 바위 위에서 일하시는 어머니의 바위 긁는 소리는 타악기 소리처럼 바다를 향해 울렸다.

어머니는 세모를 여러 번 씻은 후 소쿠리로 건져 바위 부스러기들을 걸러내었다. 이 세모에 굴을 넣고 간장으로 조미하여 끓여서 먹는 국은 소고기미역국보다 맛이 있었다. 여름에는 봄에 채취한 세모를 말려 놓은 것으로 쇠솥에 들기름을 넣고 볶는다. 이때 소금을 조금 넣고 볶은 후 깨소금을 넣어 먹으면 입안에서는 조금 찔리긴

해도 바스락거리는 소리와 함께 고소한 맛이 일품이었다.

서울로 전학을 가서도 어머니는 바다의 요리로 도시락 반찬을 해 주셨다. 어느 날, 친구들과 함께 점심을 먹으려고 도시락 뚜껑을 여니 까만 세모볶음에 하이얀 왕소금이 예쁘게 섞여서 군침이 돌았다. 친구들은 반찬을 나누어 먹다가 세모를 보고 벌레 같다며 도시락을 들고 다 가버렸다. 순간 죄인이 된 느낌이 들었다. 꼭꼭 씹어 먹어야 하는 세모의 날카로운 모양이 입속에서 찔러댔다.

칼슘 등 영양이 풍부한 이 검은빛 양탄자 같은 어머니의 요리는 그날 이후 도시락에 넣을 수 없게 되었다. 어머니의 애정은 도시의 삶 속에서 하나씩 빛을 잃어가고 분홍색 소시지가 노란 계란 옷을 입고 도시락 찬으로 대체되었다. 그러나 집에서는 이 까만색 위에 하얀 왕소금이 함께 뿌려진 아름답고도 고소한 세모볶음은 여전히 우대를 받았다.

갈색 톳나물

바다에 나가면 봄부터 자라난 톳이 아가씨 머리채를 묶은 것처럼 여름 바다 물결에 출렁거린다. 바위 사이에 길게 자라난 이 톳을 보면 어머니는 신이 나서 칼로 잘라서 바구니보다 큰 구럭에 가득 톳을 따오신다. 이 구럭은 20kg이나 등에 멜 수 있는 가방 같은 도구이다.

이 톳을 따서 구럭에 메고 올 때는 구럭 안에 고둥도 있고 박하지도 있고, 낙지, 해삼 등이 담겨져 있다. 온갖 해산물을 눈에 보이는 대로 잡아서 한 구럭 메고 오는 어머니의 얼굴에 기쁨이 가득했다. 여름에 구럭에 잡아 온 낙지는 곧바로 어머니의 낙지박숙탕으로 탄생한다.

박은 봄에 심어서 지붕으로 올라가도록 대를 걸쳐준다. 이 대를 타고 올라간 박은 지붕 위에서 둥근 공처럼 자라났다. 박이 열리기 전에 하얀 꽃이 호박꽃 크기만큼 자란다. 이 꽃이 떨어진 후 박이 열린다. 이 박을 따서 낙지와 함께 된장이나, 간장을 넣고 끓인 탕은 시원한 맛이 났다.

보랏빛 곤쟁이젓

여름날이 되면 어머니는 처녀 시절에 잡았던 곤쟁이를 시집와서도 잡으셨다. 곤쟁이를 잡으러 대섬으로 가려면 물이 나간 후에 도보로 건너야 했는데, 이 작은 섬에 가면 물이 내려가는 개울가에서 망으로 밀어 곤쟁이를 한 바구니 정도 잡을 수 있었다. 곤쟁이를 잡아 소금에 절이면 가장 작은 생선이라서 눈도 코도 입도 보이지 않는 것이 항아리에 보랏빛 죽처럼 담긴다.

곤쟁이젓을 미나리나물에 넣어 무치면 체한 사람도 뚫린다는 약용으로 쓰기도 했다. 보랏빛 곤쟁이젓은 눈으로 한 번 맛보고 젓가락으로 찍어 맛을 보면 빛깔에 놀라고 맛에 놀란다.

계란찜을 곤쟁이젓으로 간을 한 걸 먹어본 사람들은 계란찜의 맛을 대신할 게 없다고들 한다. 곤쟁이젓으로 보리밥에 비벼 먹거나 배추쌈에 싸서 먹을 때는 소화도 잘 되고 특이한 입맛을 돋운 추억 속의 맛이다.

하얀 조개젓

어머니는 모래 산을 넘어, 갈머리 펄 바다에 가서 잡은 바지락으로 젓을 담기도 하셨다. 여름밤에 바지락을 잡으러 동네 바다로 가면 목말, 방축굴, 가시내, 이곡리, 이연면 등 동네 사람이 다 모여들었다. 물이 들어오는 밤이면 가족들이 안전을 위해 서로 이름을 부르는 소리가 바다에 포말처럼 흩어졌다.

하지만 혼자 일하러 가신 어머니를 부르는 소리는 어

머니의 마음속에만 들릴 뿐이었다. 이런 날은 치조개가 땅속에 박혀 서 있거나, 소라도 엎어져 있으니 잡는 재미가 컸을 것이다.

어머니는 주로 혼자 가서 두 바구니쯤 건져 머리에 이고 밤에 산을 넘어오신다. 낮이 되면 조개를 까서 소금에 절여 단지에 꼭꼭 묻어두었다. 아버지가 유학 가셔서 잠도 오지 않는 밤이면 산 너머 펄 바다로 나가서 같은 일을 하는 것이 여름날 밤의 일상이셨다.

여름 고둥들의 잔치

무락(가무락)은 소라보다 작은 종류로 여름에 먹는 고둥이었다. 사리 때가 되어 물이 많이 빠진 바위 틈에서 무락을 발견할 수 있다. 무락은 떼를 지어 있어서 무락을 발견하는 날에는 한 바구니 가득 채울 수 있다. 무락을 한 바구니 채운 날에는 굴을 조금 따서 돌아오게 된다. 이 굴은 다른 반찬에 넣을 재료가 된다.

여름 바다는 배꼽고둥(큰구슬우렁이)이 가장 맛있는 때이다. 때를 잘 만나면 모래 위에 배꼽고둥이 지나간 발자국을 따라가서 모래 속에 숨어 있는 것을 발견한다. 주변에 모여 있는 것을 한 바구니나 잡을 수 있다. 배꼽

고둥은 삶아서 초고추장에 비벼 먹는 여름철 바다의 양식이었다. 된장찌개에도 넣으면 씹히는 맛이 좋다.

눈머럭대고둥(눈알고둥)은 내가 어릴 적 제일 좋아했던 고둥이다. 생긴 모양은 검정콩만 하고 아주 딱딱한 눈이 박혀 있다. 이 고둥을 삶아서 바늘로 눈을 떼어내고 속살을 살살 빼어내는 재미가 있다. 돌돌 말린 속살이 떨어지지 않게 빼내는 동안 신중한 자세가 몸에 배게 된다. 이 눈머럭대고둥을 바늘로 빼먹는 맛에 적막한 여름날 시골 밤의 무서움도 멀리 사라져갔다.

모시고둥도 삶아서 초장과 된장찌개용으로 먹을 수 있었다. 보리고둥은 대숙고둥이라고도 불린다. 사계절 언제나 바다에서 만나는 흔한 고둥이었다. 이 고둥을 삶아서 바늘로 쏙쏙 빼는 재미가 있었다. 고둥불풍개라는 내장이 나오기까지 빼기는 쉽지 않았다. 꼬불꼬불 몸을 비틀고 있어서 조심성 있어야 완전한 모양을 빼낼 수 있지만 힘주어 빼면 몸이 잘려 나와서 놀이처럼 즐겼다.

비단조개 또는 개양조개라는 이름을 가진 어여쁜 조개

도 있었다. 조가비 두께는 두툼하여 해변에 하얗게 쌓여서 밀려오면 해변가에 큰 줄을 친 것처럼 아름다운 선을 만들었다. 이 조가비를 주워서 구멍을 뚫고 줄로 끼우면 아름다운 목걸이가 되었다. 고운 모래사장에만 서식하는 조개라서 비단조개라고 불리는 것 같다. 조갯살이 얄팍하지만 끓이면 시원하고 뽀얀 국물이 나와 마시면 여름의 더위를 이길 수 있었다. 온갖 종류의 바다의 양식으로 차려낸 어머니의 식탁은 나로 여름공주가 되게 하셨다. 어머니의 식탁은 내 안에 푸른빛 바다의 노래가 되어 온갖 고뇌들을 파도처럼 부서지게 하셨다.

진귀한 어머니의 자연밥상

우뭇가사리

바닷물이 나간 썰물이면 어머니는 바다로 나가 빨간색의 해초들을 발견하신다. 물이 오르내리는 길목의 바위 위에 이 빨간색 해초가 너울너울 춤을 추고 있다. 한 뼘 정도의 크기로 자라난 것을 뜯으면 한 움큼씩 손에 잡힐 만큼 탐스럽다. 손으로 쉽게 뜯을 수 있으나 뿌리 끝에 붙어 있는 돌조각들을 방망이로 깨뜨려서 깨끗이 씻어야 한다.

어머니는 해초들을 즐거운 맘으로 뜯지만 살아 있는 날것은 딱딱하여 먹을 수 없다는 것을 알고 계셨다. 우뭇가사리와 비슷한 종류도 많아 손으로 찢었을 때 똑똑 부러지는 것은 가짜임을 구별하신다. 진짜는 찢으면 줄기로 죽죽 갈라지는 게 바로 우뭇가사리라는 해초다. 이 해초를 채반이나 광주리에 말리기 시작하여 반건조 상태가 되면 망에 넣어 걸어둔다.

우뭇가사리묵을 만들기 위해 말린 우뭇가사리를 솥에 물을 붓고 삶기 시작하여 물렁거릴 때까지 서너 시간을 졸이면 된다. 이 졸인 것을 소쿠리로 걸러내어 고운 물을 그릇에 받아두면 시간이 지나면서 서서히 굳게 된다. 두부처럼 엉기면서 굳으면 반투명한 쫀득한 옅은 푸른빛의 곤약처럼 만들어진다. 이것을 채 썰어서 마늘과 깨소금과 간장과 콩가루로 버무린다.

식성에 따라 식초를 살짝 가미하여 우동그릇 같은 큰 대접으로 한 그릇씩 대접하셨다. 누구든지 어려운 공정을 거쳐 만든 우뭇가사리묵을 한 대접 먹고 나면 뱃속이 든든하게 일어난다고 좋아하는 여름 별미였다. 여름에 먹으면 시원해서 사계절뿐 아니라 잔칫상에도 빠지지 않는 특별 메뉴였다.

고시락 해초(꼬시래기)는 봄부터 바위에서 고동색으로 머리카락처럼 자라나서 여름에는 30센티 정도 무더기로 자란다. 얕은 물가 바위에서도 자라는데 뻘에서 자란 것이 더 맛있다. 여름에 채취해서 바로 뜨거운 물에 살짝 데쳐서 초고추장에 무침으로 먹을 수도 있다. 말은 짙은 고동색인 데 비해 고시락은 연한 연둣빛으로 보드라우면서도 쉽게 숨이 죽지 않아서 씹히는 맛이 아삭하다.

　말린 고시락은 사계절 먹을 수 있어서 보관한 것을 언제든 데치기만 하면 건강한 해초 밥상이 차려졌다. 고시락도 우뭇가사리처럼 묵을 만들어 먹을 수가 있어서 다양한 요리 재료가 되었다. 지금은 식당에 가면 밑반찬으로 나오는데 귀한 해초 나물이라서 금새 사라진다. 예전에 흔하게 먹던 것인데 요즘은 건강한 반찬으로 대접을 받는다.

여름에 먹는 봄나물

　새침은 붉은 빛으로 군락을 이루고 자라서 쉽게 꺾을 수 있다. 보들보들하여 손으로 비비기에 수월하여 수작업을 거쳐 말리면 뻣뻣해지는 것을 막을 수 있다. 들기름과 소고기를 넣고 볶아서 아버지 환갑 잔치에 내놓으셨다. 선생님들이며 손님들이 맛있게 드시는 바람에 큰 솥으로 한 가득 한 것이 금세 다 사라져 버렸다.

　고사리는 여기저기 하나씩 나기 때문에 발품을 많이 팔아서 힘이 든다. 고사리 꺾은 것을 데쳐서 말리는 과정은 잔손이 많이 가기 마련이다. 구부러진 것은 버리고 하얀색의 솜털 부분을 비벼야 암 발생 성분을 제거할 수 있다. 자연이 제공하는 먹거리들을 풍성히 준비하여 사시사철 특별한 기념일이 되면 어김없이 잔칫상 위에 올려졌다.

고사리잡채, 봄에 산에서 따온 것을 잘 말려놓은 것으로 한층 맛을 내기 위해 고사리잡채를 하신다. 어머니에게 요리는 힘겨운 일이 아닌 맛을 내기 위한 진지한 일상이다. 고사리를 고소한 기름에 볶아 놓고 잡채로 요리한 것을 합쳐서 버무리신다. 이 때 굴이나 조개를 섞어서 버무리면 일상의 요리는 품위가 더해졌다.

조개볶음, 여름에 조개를 잡으면 보관하기가 어려워서 손으로 다 알을 까서 말리신다. 이 조개가 꾸덕꾸덕 마르면 마늘을 넣고 간장에 졸여 주신다. 씹을수록 쫄깃한 맛과 향기는 기막히다. 더 맛이 날 때는 꽈리고추를 넣고 졸일 때이다. 더 바짝 말린 조개를 겨울에 물에 불려서 간장에 졸이면 소고기장조림보다 더욱 풍미가 난다.

멍위(머위)는 봄에 연하게 나온 여린 잎을 된장 쌈을 싸서 먹기 시작하여 가을까지 먹을 수 있다. 논에 모를 심을 시기에는 머윗대를 들깨죽처럼 볶아서 먹는다. 여름에는 잎이 더 크게 자라서 푸른빛 머위 잎 서너 장만 펼쳐도 밥상을 덮을 만큼 자란다. 손바닥보다 더 큰 멍위에 밥을 올리고 된장을 찍어서 넘기면 더위도 식는다.

머위는 아무리 따도 계속 퍼지는 습성으로 아무 데서나 잘 자란다. 늦여름에 이 머위를 따서 말리면 짙은 검은색으로 변했다. 보름에 삶은 검은빛 이파리에 밥을 올리고 된장을 넣어서 먹으면 씁쓸해도 말할 수 없는 감칠맛이 난다. 말린 머위에서 나는 묘한 감칠맛을 맛보게 되면 이런 맛을 낼 줄 아는 사람이 되고 싶어진다.

돼지고기와 머위, 이 하찮은 이파리들은 어머니의 애정 어린 손맛이 더해져서 건강한 밥상으로 차려졌다. 돼지고기 삶을 때도 머윗대와 이파리를 넣고 삶기도 했다. 머위는 우리의 식생활에 많은 잇점이 있음을 알고 애용하셨다. 우리 어머니들은 어디서 이런 지혜들을 얻었는지 신비하기만 하다.

쪽파말이, 쪽파를 늦은 가을에 심어 김장할 때 양념을 하고 남은 것은 밭에 남겨둔다. 씨앗처럼 밭에 남겨진 쪽파는 겨울에도 죽지 않고 봄이 되면 자라난다. 겨울을 이긴 쪽파를 데쳐서 예쁘게 리본처럼 돌돌 말아 간장이나 초고추장에 찍어 먹으면 달큰하여 행복한 맛이 가슴으로 밀려 들어온다.

하얗고 정갈한 접시에 올려진 쪽파말이가 차려진 날은 어머니가 나를 손님으로 초대한 것만 같았다. 그 아름답고도 정갈한 쪽파의 변신은 어머니가 예쁘게 솜씨를 내고 그 쪽파의 보드라움과 함께 사랑을 먹여주셨다. 지금은 한식집에서 나오는 메뉴이나 어머니는 오래전에 이미 한정식 고급 밥상을 늘 차려주셨다.

명절 잔칫상처럼

깻잎송이튀김, 들깻잎에서는 만지기만 해도 기분 좋은 짙은 향내가 난다. 어머니는 이 향기로운 잎을 따서 부지런히 앞뒤로 풀을 발라 말리신다. 꽃송이는 피기 전에 잘라 풀을 쑤어서 꽃송이에 발라 벼 보자기에 말린다. 이 꽃송이를 튀기면 임금님 밥상에나 올릴 귀한 튀김이 되었다. 꽃은 눈으로 향기는 코로 고소함은 입으로 먹었다.

다시마튀김, 넓적한 다시마에 찹쌀풀을 듬뿍 발라 튀긴 음식이 바로 다시마튀김이다. 다시마는 봄에 바다에서 따온 해초들을 말린 것과 3종 세트로 튀겨 내셨다. 어머니가 차려낸 밥상은 귀한 손님을 대접하듯 언제나 정성과 손이 많이 갔다. 남편을 공경하는 마음과 손님을 기다리는 마음과 자식을 위해 차려진 밥상이었다.

수정과와 식혜는 평소에도 해주시는 음료수이지만 명절 때가 되면 노란색 큰 다라이에 100인분 이상 해 놓아서 명절 내내 학교 선생님과 손님들에게 아낌없이 넘치도록 대접을 하셨다. 꼭 시골 잔칫집에서 준비하는 양만큼 차려내셨다.

곶감말이 속에는 고소한 잣이 듬뿍 들어 있었다. 곶감말이를 예쁘게 썰어 넣은 수정과는 마루 한복판에 식혜와 함께 계피 향내가 가득 나는 커다란 들통에 들어 있었다. 수정과에는 곶감을 썰지도 않고 통째로 띄워서 큰 대접에 한 그릇 내놓으실 때도 있다. 진한 계피 향내와 함께 곶감이 아이스크림처럼 녹아서, 그 달콤함이란, 마실수록 군침이 돌았다.

들깨강정은 봄부터 텃밭에 농사지은 들깨를 가을에 추수하여 인디언 텐트처럼 밭에 묶어 다리를 벌리고 세워 놓는다. 이것을 말린 후 털어서 망으로 쳐서 치로 까부르고 먼지를 털어내는 복잡한 과정을 거쳐 모아두신다. 추수가 늦어지면 깻대에서 깨가 쏟아져 헛일이 되므로 어머니의 조바심을 거쳐 만들어진 깨강정은 최고의 사랑식이 되었다.

땅콩강정도 봄부터 심은 것을 가을에 추수하여 말린 후 깐 땅콩을 보관하여 두었다가, 들깨와 함께 섞어서 강정을 만드는 고단한 일을 즐거움으로 하셨다. 겨울방학에 학교 사택으로 내려가면 부지런히 온갖 먹을거리를 직접 만드셨다. 커다란 쟁반에 강정을 반듯하게 펼쳐놓고 굳으면 칼로 자르는 힘든 수고를 하시면서 정성으로 먹여주셨다.

쌀엿은 아버지가 일본 유학에서 돌아오신 10여 년의 세월이 지나서야 우리 집에서도 엿을 고았다. 어릴적에는 명절에 떡을 찍어먹는 엿이 없어서 마음이 가난했었다. 새벽부터 밥을 하여 엿기름을 넣고 쌀을 삭힌 후 자루에 거르면 물이 나오는 것으로 조청을 만든다. 이때 남은 밥도 먹을 수 있는데 달큼해서 맛이 좋았다.

조청을 장작불에 달이는 과정은 주걱으로 몇 번씩 건져 올리면서 쫀득한 시점을 기다리는데, 불을 끄고 식히는 과정에서 어느 정도 굳게 되면 달콤한 엿이 만들어진다. 겨울 양식을 위해 더운 여름날도 지칠 줄 모르는 어머니의 일손은 매미의 노랫소리 들으며 들깨밭에서 땅콩밭에서 땀을 흘리며 사셨다.

문주는 흰 찹쌀을 갈아서 부치는 찹쌀전이다. 찹쌀

가루를 반죽하여 그릇에 치댄 것을 한 덩어리씩 뭉쳐놓고 기름을 두른 팬에 넓적하게 구워내신다. 굽는 과정에서 구수하게 누룽지 냄새가 나면 이것을 계란말이처럼 둘둘 말아 놓으신다. 기름으로 구워낸 하얀 피자처럼 쫀득한 떡처럼 찹쌀호떡처럼 기가 막히게 맛이 있다.

가뭄 양식

돼지감자깍두기는 돼지감자의 싹을 봄이나 여름 어느 때든 심어 만들 수 있다. 1년 내내 자라는 엄청난 번식력을 가지고 있다. 겨울에는 잎이 마른 후 봄에 다시 싹이 나는 생육이 강한 식물이다. 이 돼지감자를 캐서 깍두기 김치를 담으면 아삭한 맛이 나서 좋다.

무우깍두기보다 연하고 아삭거려서 양파를 갈아 넣으면 먹기에 더 시원하다. 삶아서 감자처럼 먹기도 하고 도시로 와서는 우유에 갈아 주셨다. 이런 하찮은 음식들을 계절 따라 옷을 입히고 시대의 옷을 입혀 다양하게 공급해 주셨다.

감자는 이른 봄에 밭에 많이 심어 놓았기에 삶아 먹거나 찌개 요리가 되었다. 밭에 심은 감자에서는 보라색 꽃과 흰색 꽃이 피었다. 마루에 앉아 있으면 가까운 감자

밭에서 일하시는 어머니의 모습이 신선처럼 보였다. 키가 작은 어머니는 하얀 수건을 모자처럼 두르시고 허리를 구부린 채 감자밭 속에 꽃처럼 계셨다.

감자부추전은 부지런히 가꾸신 감자를 갈아서 오동나무 근처에서 자란 부추를 뜯고 깻잎과 고추를 섞어서 전을 해주셨다. 학암포 초가집에서 해 먹던 것을 아버지가 유학을 마치고 오셔서 사립고등학교장으로 있을 때에도 이런 음식들을 주로 해주셨다. 반죽을 많이 해서 냉장고에 넣었다가 매일 거르지 않고 해주시면 "날마다 부침개를 먹네" 하고 좋아하셨단다.

마람(마름)은 저수지에서 자라는 뿌리 달린 까만색의 수초 열매다. 생긴 모양이 꼭 날개를 펼친 박쥐 모양 같다. 바다에서 자란 나는 저수지는 바닥이 보이지 않고 움직임이 없어서 늘 무서웠다. 외가댁 근처에도 공포스런 큰 저수지가 있었다.

친척들이 하교 후에 나를 데리고 가는 날에는 이 저수지에서 놀곤 했는데, 저수지에서의 놀이는 친척들과의 정을 위해 공포감을 참아내야만 했다. 다리를 휘감는 수초와 그 속에서 더듬어 찾아낸 마람은 까만색의 열매였다. 이것을 입으로 깨물어서 먹기도 하는데 속에는 흰색의 밤 맛이 났다.

  가뭄이 들면 이 저수지 물이 바짝 말라서 땅이 쩍쩍 벌어졌다. 그때에 어머니는 마른 저수지에 가서 마름을 호미로 캐셨다. 대가족 집안이라서 늘 가장처럼 일하는 어머니의 이야기를 듣다 보면 내 마음이 쓰라렸다. 책을 보거나 공부를 하기 위해 학교를 다녀야 할 소녀가 가문 저수지 바닥에 내려가서 일을 했던 것이다. 마름을 캐서 입으로 깨물면 썩은 것은 냄새가 난다. 어머니는 일일이 썩은 것을 골라내기 위해 입으로 확인하는 불쾌한 일들을 사랑과 인내로 견디셨다.

  마름 가루, 마름을 캐면 말렸다가 절구에 넣고 뿌리를 부수고 하얀 알맹이를 골라서 가루로 만든다. 이 가루를 보리밥에 섞어서 감자와 함께 먹거나 맷돌에 갈아서 묵을 쑤어 먹으면 구수했다. 큰외삼촌이 일본에서 번 돈을 보내오면 외할아버지는 투전하는 데 쓰셨다. 외할머니는 속이 쓰리고 아파서 말려 봤지만 소용이 없었다고 한다.

  외할아버지가 집에서 기르던 소 두 마리를 마저 팔아서 술을 마시고 오신 날은 동생들을 어머니께 맡기고 외할머니는 산으로 도망을 가셨다. 어머니의 기억에는 외할아버지와 다투시는 것을 한 번도 본 적이 없다고 한다. 다투시는 것을 아예 모르신 외할머니는 다투실 일이 있으면 아예 산으로 도망가신 것이다. 땅에 가뭄이 들면 마름을 캐고, 사랑의 가뭄 때에는 가족에게 생명을 불어넣는 역할을 하신 가엾은 내 어머니……

축복의 떡

메밀국수, 어머니는 늦은 봄에 산비탈을 일군 밭이나 논에 메밀을 심으셨다. 가을에 추수한 메밀로 국수를 하기 위해 메밀 반죽을 누런 양은쟁반에 썰어서 펼쳐놓는다. 나는 어릴 적부터 반죽한 생메밀가루를 집어 먹을 만큼 메밀의 맛에 빠져 있었다. 수확한 메밀은 말린 후 도리깨로 두드리고 치로 까불러서 맷돌에 갈고 체로 쳐서 가루를 얻게 된다.

메밀가루를 통째로 항아리에 보관하였다가 반죽할 때는 장난감 대신 놀잇감으로 떼어주셨다. 이 반죽한 것으로 노는 동안 어머니는 칼국수에 굴을 넣고 구수한 맛이 나도록 끓여내신다. 여기서 끝나지 않고 메밀묵을 쑤어 먹을거리로 삼으셨다.

밤묵, 아버지가 근무하시는 학교 산에는 장학금을 주기 위해 심은 밤나무가 울창하게 어우러져 있었다. 여기서 떨어진 밤을 주워 오기만 해도 엄청난 양이 되었다. 지금은 관리를 하지 않아 군 전체가 주워 먹는 밤나무가 되었다. 어머니는 여기서 주운 밤을 좋은 것은 골라내고 못생긴 밤이나 벌레 먹은 밤을 다 칼로 오리고 도려내어 방앗간으로 가져가신다.

방앗간에서 빻아온 가루를 자루에 넣어 물로 치대고 거르기를 몇 번씩 거쳐서 밤묵을 쑤었다. 친척이 이사 온다는 날, 그 밤묵을 큰 다라이로 한가득 가져가셨다. 방갈리에서 태안읍으로 이사 오는 친척을 위해 굴과 함께 가져간 이 엄청난 양의 밤묵을 처음 먹어본 사람들은 모두 탄복을 했다.

수수팥단지, 어머니는 수수팥단지를 자녀들 무병장수의 떡으로 아시고 10살까지 무조건 만들어 먹이셨다. 수수밭에서 수숫대 열매가 익어가면 붉은 열매들이 탐스럽게 매달린다. 옥수수처럼 생긴 것 같은데 이 수숫대를 잘라서 먹으면 달콤한 물이 흘러나온다. 어머니는 자녀들의 생일날 축복의 떡을 만들기 위해 수수를 심으신 것이다.

그런 이유인지 이상하게도 이 수수밭을 바라보면 행복했다. 수숫대를 바라보고만 있어도 말할 수 없는 넉넉한 부요함이 출렁거리는 이유를 알 수 없었다. 지금은 어느 밭에서든지 흔하게 볼 수 없는 게 서운하다. 어머니들이 자녀를 축복하는 마음이 사라진 것 같아 아쉽다. 돌잔치에서 먹는 수수팥단지 맛도 옛날의 맛이 나지 않는다. 강원도의 정겨운 수수부꾸미를 사 먹을 때는 그 옛맛이 살아나기도 한다. 수수를 털어낸 수숫대는 수수빗자루로 만들어져서 풍성한 집안 살림 도구가 되어 주었다.

쉬운 일은 사랑의 이름으로, 진지하게 어려운 일은 소망으로, 즐겁게 일하다 보니 팔뚝이 빠지고 말았다. 어머니는 팔이 빠진 줄도 모르고 끙끙 앓고만 살다가 팔이 구부러진 채로 굳어버리고 말았다.

노년이 되어 병원에 들렀을 때, 뼈가 탈골이 된 것을 그냥 두어서 삐뚤어진 채 굳어버렸다는 의사의 말을 들었다. 어머니는 그냥 참고 지내면 아픈 게 나으려니 했다고 하셨다. 나는 어머니의 뼈를 갉아먹고 그 인내의 살을 먹고 산 사람 같아서 목이 메었다.

자연의 위로자를 찾아

밤바다의 해루질

한여름의 바다는 더위를 피하려는 피서객들의 잔상이 햇살처럼 쏟아지고 사라진다. 모래 위로 남겨진 지친 발자국들을 물결이 쓰다듬고 나면 여름축제는 끝난다. 바다는 다시금 수많은 해물들과의 만남을 위해 물결을 친다.

가을의 달은 바다 물결을 재촉하듯 잡아당겨 썰물의 시간을 만들어준다. 이렇게 물이 많이 나간 가을로 가는 밤바다에는 살을 찌우고 활동하는 바다의 양식거리들로 가득하다. 이런 밤이 오면 바닷가 외딴집에 시집을 온 어머니는 혼자서 바다로 향하셨다. 밤이라 잘 보이지 않지만 익숙한 바다 환경에 손을 더듬어 가며 해루질을 하신다.

물속에 기어다니는 박하지(민꽃게)를 순식간에 잡아서 바구니에 담다가 암컷 박하지를 잘못 건드려 왕발이 어머니의 손을 물었다. 어머니는 손톱을 뚫는 고통을 견뎌야 했다. 힘이 센 갑각류의 발에 손가락이 뚫리는 고통을 견딜 수 있었던 것은 아마도 남편을 그리는 마음의 고통보다 나았기 때문일 것이다.

피가 철철 흐르는 손을 물로 씻어 내고 밤이면 침을 발라가며 곪지 않도록 달래는 동안 어머니의 그리움의 병도 덩달아 나아졌을 것이다. 이런 어머니의 삶을 들여다보고 있노라면 나의 마음도 소금에 절여지듯 상채기가 생긴 곳마다 반항심들이 아우성을 친다. 누군가에게는 단잠을 자는 밤이지만, 어머니에게는 외로움을 달래고 양식을 채취하며 위안을 받는 가을밤이었다.

어머니는 바위 밑을 더듬어 전복들이 붙어 있는 것을 발견하면 칼로 떼어내고, 그 자리를 보았다가 썰물 때가 되면 다시 그곳에 가서 잡아 오곤 하셨다. 여름철 굴은 산란기에 접어들어 독성이 있어서 먹을 수가 없지만 가을이 되면 집안일을 마치고 물때를 맞춰 굴을 따러 가신다. 조새로 굴 딱지를 톡톡 까는 소리와 굴을 담는 그릇에는 금세 어머니의 시름도 콧노래로 바뀐다.

근심과 서러움들을 바다에서 굴을 까는 동안 맞바꾸신 어머니는 그 귀한 보물들을 소금에 절여 놓는다. 이렇게 절여진 굴 항아리에 바다에서 잡아 온 전복들을 굴젓에 꾹꾹 질러 넣으신다. 소라도 잡아 오면 굴젓 항아리로, 박하지도 잡아 오면 굴젓 항아리에 같이 절여 놓는다.

절여 놓은 전복은 쫄깃쫄깃한 식감을 주기 때문에 선호하는 저장법이었다. 요리할 때 짠기는 쌀뜨물에 담가서 소금기를 제거한 뒤에 양념을 해서 먹을 수 있도록 한다. 소라와 박하지도 쌀뜨물에 씻어서 언제나 먹을 수 있도록 저장하여 두었다가 손님이 오면 대접을 하신다. 그렇게 지극정성으로 기다리는 손님 중에 한 분이 바로 나의 아버지셨다.

밤바다에서 길을 잃은 어머니

어느 해인가 어머니는 그날 밤도 바다의 양식들을 얻으려고 혼자서 바다로 나가셨다. 한참을 정적을 깨는 파도 소리 들으며 무서움을 마주한 채 해물들을 잡는데 갑자기 안개가 주위를 다 덮어버렸다. 순간 어머니는 두려움에 사로잡히고 방향을 전혀 분간할 수 없는 상황에 당황하였다. 어머니는 마음을 침착하게 가다듬고 바닷

속에 갇히지 않기 위해 나갈 방법을 찾으셨다. 물결치는 소리를 따라서 첨벙거리며 물 밖으로 나와 해변 길을 따라 걸었다. 길이 전혀 보이지 않으니 무조건 산 쪽을 향해 정신을 차리고 더듬어서 집으로 향하셨다. 바다에서 겨우 나와 산속에서 길을 찾던 중 미끈거리는 물체를 밟았다. 뱀들을 밟은 것이다.

소름 돋는 상황을 혼자서 견디며 그 위험한 해루질이 끝나는 순간에 어머니의 가슴앓이의 고통도 다 사라지게 된다. 이런 삶의 고통들은 눈에 보이지 않는 마음의 아픔을 물리치는 과정이 되어 준 것이다. 어머니가 택한 삶의 고단함이 내면에서 자라는 수많은 고통들을 잘라 준 칼날이 되었으니 참으로 아련하기만 하다.

어릴 적 어머니는 외할머니와 밤바다에서 손바닥만 한 대합을 잡으셨던 기억을 붙들고 계셨다. 그런 외할머니와의 정겨운 경험들은 외로울 때마다 혼자서 바다로 향할 수 있는 용기가 되어 주었다. 꽃다운 20대의 어린 신부였던 어머니는 밤바다에서 해물들을 잡아오는 밤에 단잠을 주무셨다. 키도 몸집도 작은 어머니는 고단한 밤바다에서의 해루질로 인해 남편에 대한 그리움도 다 묻어버린 채 고이 잠이 든 것이다.

또다시 다음날 이른 새벽이면 시계처럼 일어나서 질동이(항아리)를 머리에 이고 물을 길어오는 일을 하신다. 논두렁을 건너가서 물을 길어오는 일은 한 번으로는 할 수가 없으니 대여섯 번을 오고 가셔야만 한다. 항아리에 물을 가득 채워놓으면 아침을 준비하신다. 보리방아를 찧어서 마당에 말린 후 키로 까불러서 껍데기를 분리한다.

이러한 작업을 대여섯 번을 해야 비로소 고운 보리 알갱이를 얻게 된다. 보리 알갱이를 더 치대어 밥을 한 솥에 뜨물을 부어 끓여 눌은밥을 만드시기도 한다. 식구가 많던 친정에서는 보리는 솥 밑에 깔고 쌀을 가운데 놓고 밥을 해서 어른들은 쌀밥을 드렸다.

남은 식구들은 보리와 섞어서 박하지와 비벼 먹던, 그 고소한 맛을 기억했다. 그 맛을 그리워하며 시집와서도 여전히 같은 밥상을 차리고 같은 맛을 찾았다. 어머니는 꿈을 꾸듯, 잊지 못할 아름다운 기억들을 일상에 수를 놓듯이 맛으로 차려내셨다.

아침을 드신 후에는 밭으로 나가시거나 논으로 가셔서 남자들의 할 일을 혼자의 힘으로 다 하셨다. 할머니는 우리들을 돌본다는 핑계로 일을 하나도 하지 않으셔서 어머니는 온종일 혼자의 힘으로 이 모든 일을 해내셨다. 방학 때 아버지가 오셔도 아들을 위해 바다에 가서 먹거리들을 해오는 법이 없으셨다고 한다. 할머니는 인생의 무게에 짓눌린 듯 삶의 두려움을 껴안은 채 벗어나려는 시도조차 하지 않으셨다.

부지런한 어머니를 기다리면서 늦은 귀가를 나무라시는 게 할머니의 인사법이었다. 해물들이 바구니에 가득 들은 것을 보면 신이 나서 칭찬하시면서도 이런 것 안 먹고 살아도 된다고 하셨단다. 할머니는 깊은 외로움에 시달리면서도 도무지 일을 거들지도 않고 며느리만을 기다리며 수종 들기를 바라셨기에 어머니의 짐은 더 커져갔다.

할머니가 들려준 옛날이야기

어머니의 귀가가 늦어지면 할머니는 우리 남매를 껴안고 옛날이야기들을 들려주셨다. 할머니와 어머니의 시대는 이야기 책을 남편이나 어르신들이 읽어 주는 게 일상이었다고 한다. 여자들이 늦은 밤까지 바느질이나 목화 길쌈이나 베 길쌈 일을 하는 동안 남자들은 목침을 베고 누워 책을 읽어 주거나 옛이야기를 들려주는 것이다.

　할머니도 시집오기 전에 친정에서 많은 이야기들을 듣고 자란 것이 분명하다. 남자들이 천자문을 공부하는 동안 귀동냥으로 들은 글자의 뜻을 지식으로 자연스럽게 습득하게 된다. 할머니도 이런 지식과 이야기들은 우리에게 구전으로 들려주는 교육의 기회가 되었다.

　장화홍련전 이야기부터 호랑이 이야기며 흥부와 놀부 등 권선징악에 관한 많은 이야기를 들을 수 있었다. 초등학교 4학년이 되어 서울로 전학을 가서 알고 보니 친구들은 다 동화책으로 읽은 이야기들을 나는 할머니께 이야기로 들은 내용이었다.

　옛날 시골집에는 방 모서리에 옷을 걸어놓는 '홰대'가 있었는데, 옷이 걸쳐 있어서 숨바꼭질하기 좋은 장소가 되기도 했다. 종종 이 홰대 밑에서 놀면 아늑한 느낌이 들었다. 할머니도 홰대 밑에서 옛이야기를 들려주곤 하셨다.

　시골 집집마다 굴뚝에서 밥 짓는 연기가 오를 때가 되어도 어머니가 돌아오지 않을 때가 있다. 50리 길 장을 가신 날이거나, 어떤 일로 귀가가 늦어져 어둠이 내리면, 할머니는 저녁밥을 지어놓고 며느리를 기다리는 것이 아니라, 무작정 기다리기만 하셨다. 무능해 보이는 할머니 같으면서도 한편으로는 우리 곁에 꼼짝도 않고 지키는 면은 위안이 되기도 했다.

어머니에 비해 상당히 게으른 할머니 덕분에 우리 남매는 방치되지 않고 보호를 받고 산 셈이다. 이로 인해 모든 중노동은 어머니의 몫이 되었고 머슴 아저씨들이 있어서 돕는다 해도 고단한 삶을 마다하지 않는 것이 어머니의 일생이셨다.

밖에서 들일을 하고 오면 배가 고파 허리가 꼬부라져도 어머니는 쉴 틈도 없이 저녁상을 차리고 할머니 시중을 들어야 했다. 아궁이에 불을 때고 밥을 지어 순식간에 밥상을 차려내신다. 남폿불을 켜서 마루 기둥에 달아 놓으면 어둡던 집안이 환해서 좋았다. 때론 마당에 멍석을 깔고 하늘을 올려다볼 수 있는 날도 있었다. 이런 일은 순전히 아버지가 오신 여름방학이나 가능한 일이었다.

귀가 크고 얼굴이 계란형이면서 코도 큰 할머니는 서양분이 조상인 것처럼 느껴진다. 체구도 어머니보다 할머니가 훨씬 크고 건강해 보이고 손과 발도 컸다. 비가 오거나 날씨가 흐려 좋지 않은 날에는 으레 할머니 입에서 노래가 시작되고 머리를 흔들거렸다. 알 수 없는 할머니의 노래는 구슬픈 '흑인영가'처럼 어린 가슴에 파고 들었다.

적막하기만 한 시골 한적한 집에 할머니와 둘이 있을 때 이런 노랫소리를 듣게 되면 무서움과 동정심 가득한 슬픔이 고여왔다. 정갈한 흰 저고리나 꽃잎이 그려진 저고리를 입기 좋아하셨던 할머니가 혼잣말로 부르시던 노래는 오늘날의 랩 가사와 같이 들렸다.

가을의 밤바다

가을의 밤바다는 잠자는 어머니를 부를 만큼 바다 생물들이 넘쳐나는 시기였다. 가을이 되면 남자들은 지게를 지고 이웃들과 함께 밤바다로 향한다. 일손을 도울 식구가 없었으나 가끔씩 작은아버지가 어머니와 함께 동행해 주시곤 하셨다.

작은아버지가 지게를 지고 부지런한 어머니가 캐낸 바지락을 싣고 갈머리의 산을 넘어 오는 밤에는 흡족한 날이 되어 주었다. 어머니도 머리에 바구니를 이고 돌아오는 길에는 하늘의 별도 바구니에 쏟아질 만큼 빛났다.

그런 밤에도 할머니는 고된 삶을 사는 며느리가 맘에 안 들어 구박을 하셨단다. 할머니의 구박이 정상적인 사람의 행동으로 보이지 않은 후로는 어머니도 마음에 담아두지 않기로 하셨다. 시어머니의 인생이 고달픈 삶을 사신 것을 알게 되신 후에는 더 이상 언쟁거리로 받아들이지 않은 것이다.

할머니는 어머니가 시집오신 후로 수없이 병을 앓으며 고통을 당하셨다고 한다. 쑤엥이 고기라는 생선을 잘못 드신 증조할머니가 정신줄을 놓게 되면서 할머니의 삶까지 어려움이 닥친 것이다. 쑥대밭으로 집안이 기울게 된 탓에 할머니는 건강을 잃고 병마에 시달리며 살 소망을 잃었다. 이런 집안으로 어머니가 시집을 와서 죽어가는 할머니를 지극정성으로 섬겨 회생시켰다.

총명하고 부지런한 어머니는 자신 앞에 놓인 모든 일들을 순종하며 운명을 개척하기 시작하신다. 남편도 없는 시집살이가 심할 때마다 바다로 나가셔서 마음의 큰 위안을 받고 돌아왔다.

바다는 어머니의 마음을 씻어주고 달래주고 놀아주는 친구 같은 대자연이었다. 논이나 밭에 나가 일을 하는 동안도 정성껏 돌보면 자라는 곡식들을 보면서 보람을 느끼고 어려움을 즐겁게 넘기는 슬기로운 길을 걸으셨다.

산으로 갈 때는 온갖 산나물들을 꺾으면서 마치 인생

의 경쟁에서 이긴 사람처럼 당당하게 지친 모습 하나 없이 내려오신다. 산에서 누군가를 만난 사람처럼 산에서 무엇인가 드신 분처럼 기운이 돋아서 나타나신다. 들로 산으로 바다로 나가 일을 하는 동안 자신의 고단한 삶을 위로받으셨다.

아름다운 자연이 없었다면 어머니의 삶은 불가능했을 것이다. 안식처이며 위로자인 대자연에 나도 수없는 경외심을 가지게 된다. 목놓아 우는 어머니의 한을 자연이 녹여주고 바다의 파도 소리가 씻겨주는 것이다.

부지런한 시아버지가 일구신 산비탈에 어머니는 고구마, 참깨, 밀을 심으셨다. 추수한 밀을 도리깨로 뚜드리고 키로 까불러서 바짝 말려 놓으신다. 말려 놓으신 밀을 매에 갈아서 체로 쳐서 가루를 반죽해서 굴을 넣고 칼국수를 끓이면 맛이 좋은 요리가 된다. 메밀 농사는 비가 오지 않아 베를 심을 수 없는 논에 심는다.

어머니는 부지런히 농사를 짓지만, 경제권은 작은아버지와 할머니에게 있었다. 어머니는 죽도록 일만 하신 탓에 수중에 돈이 없어 바다에서 굴을 따서 쓸 돈을 마련했다. 불만 없이 부지런히 일만 하시는 어머니의 모습은 마치 영화 〈바람과 함께 사라지다〉에 나오는 용감한 여성상을 느끼게 한다.

나도 이런 어머니를 닮은 탓에 어떤 일도 겁이 나지 않을 만큼 용감함이 숨어 있었다. 작은아버지는 유학을 가신 형님 가정은 걱정 없을 거라는 생각으로 어머니가 일해서 사 놓은 토지와 재산을 다 본인 이름으로 이전해 놓았다.

바다의 물거품처럼 사라진 재산

어머니의 삶은, 어머니의 인생은 허무하기만 했다. 땅콩 농사를 지어서 사 놓은 땅도 어머니의 소유가 되지 못했다. 땀을 흘려 사 놓은 어머니의 토지들은 어머니의 또 다른 자식이며 생명인데 하루아침에 흐지부지 다 잃었다. 어머니는 때때로 이런 문제로 인하여 통곡하고 울기를 수없이 하셨지만 아버지는 좋은 중재자가 되지 못하셨다.

아버지보다 오히려 어머니의 일상을 보아온 나의 유년기의 목격은 너무 힘이 없는 증거일 뿐이다. 일가친척과 그런 이유로 얼굴을 붉히거나 다툴 용기가 내게 아예 없었다. 그냥 어머니가 져주기를, 이해해 주기만을 기다리는 형편없는 딸이 되고 말았다.

그런 탓에 나는 지금도 여전히 꿈을 꾼다. 어머니가 뛰어놀며 밭을 갈고 채소를 일구며 꽃밭을 가꿀 수 있는 땅을 사드리고 싶다. 바다가 보이는 넓은 대지를 사서 집을 지어 드리고 어머니가 뛰놀게 하고 싶다.

어머니가 좋아하시는 안흥이라는 바닷가에 꿈 같은 집을 지어 드리고 싶다. 이런 꿈을 꾸는 동안 나는 매일 행복해진다. 어머니가 10년 후 백 세가 되실 때까지 사신다면 이 꿈은 이루어질 수 있을 것 같다.

이 땅에 아무것도 없다는 생각을 하시지만 여전히 어머니는 살 집이 있다. 모든 것을 잃은 것 같지만 늘 넘치도록 누리신다. 어머니의 계산대로라면 분명 손해 보고 억울한 삶 같은데 여전히 존경을 받으신다. 어머니 이름으로 된 건물도 땅도 없지만 어머니는 모든 걸 가진 분처럼 사신다.

주변 아이들을 보면 용돈 주기를 좋아하고 밭에 지은 작물들과 바다에서 따온 해산물들을 나누기를 좋아하신다. 어머니는 자연에서 와서 자연처럼 누리고 사라지고 또 누리는 일상을 반복하는 자연이시다. 자연처럼 소망을 주시며 자연처럼 희망을 안고 사신다.

나도 어머니의 삶을 따라 일어섬을 겸손히 받아들이

고 스러짐을 용기 있게 받아들이고 싶다. 이제는 영원한 안식처인 하늘나라를 매일 누리는 법을 함께 배우자고 구순의 어머니와 약속을 하고 싶다.

2부
나무의 숲

어머니를 닮은 사람들
가을의 작별 인사
가을과 겨울이 있는 산
작은 생명들의 아름다움
수목원의 친구들

어머니를 닮은 사람들

마음의 고향 우도

우도에 가 본 뒤로는 제주의 또 다른 작은 제주라고 부르게 되었다. 제주의 그 첫인상은 마치 외국에 온 것 같은 신선한 인상을 지울 수 없었다. 그런 제주를 소중한 인연들과 잊힐 만하면 오게 되었다. 그 섬이 마치 나를 어머니처럼 안아주었던 인상을 지울 수가 없었다. 그런 신비한 인상은 마음에 늘 안식을 주며 가고픈 마음의 고향이 되었다. 나와 거의 관계가 없던 곳이 마음의 고향이 된다는 느낌은 참으로 신비하다.

오래전 동유럽 성지순례 기간에도 그런 느낌을 안겨준 작은 도시가 있었다. 아마도 우크라이나의 작은 마을이라고 기억된다. 뜨거운 여름의 태양이 40도 이상 내리쬐는 날이었다. 그날 그 도시를 지나가는데 작은 마을에 시장이 열려 있었다. 손안에 들어갈 만한 작은 장식함들을 판매하고 있었다.

섬세한 종교의 색채와 고성과 나뭇잎 모양이 새겨져 있었다. 몇 개를 사 와서 눈앞에 늘 놓아두고 있다. 그 작은 나무상자들을 열면 그때의 태양빛이 담겨 있다. 한옥에서 느낄 수 있는 따스한 아랫목 같은 온기가 폭포수같이 가슴을 녹였다. 뜨거운 햇볕이 어떻게 이런 온기로 세포 사이사이로 타고 들어오는지 알 수가 없었다. 순간 나뭇잎이 광합성을 하듯이 나도 나뭇잎처럼 서 있었다.

습도가 전혀 없는 이런 유럽의 여름날엔 흔하게 옷을 벗은 사람들을 볼 수 있는 이유를 알게 된다. 그런 태양 아래 나비처럼 옷을 벗고 훨훨 나는 그들이 처음에 어색했다. 몇 년을 그런 뜨거운 여름에 유럽을 방문하다 보니 그들의 자유를 알게 되었다.

그 햇볕 아래 서 있다는 것은 태양 아래 거리낌 없이 서 있는 나무가 된다는 것. 바로 그 느낌을 담아 나무상자를 구입하고 그 도시를 떠나왔다. 그 후로 종종 수많은 유럽의 도시 중에서도 유난히 다시 가 보고 싶은 마을이 되었다. 내 마음을 붙들어 준 그 도시는 마음의 고향으로 그리워했다. 나무상자를 다시 열면 그 도시의 작은 마을이 보인다. 그 상자 안에는 뜨거운 태양이 담겨 내 숨의 습도를 고르게 해준다.

이 상자는 그 마을과 태양과 내 마음을 담아 보관하고 있다는 느낌이 든다. 참으로 예측할 수 없는 공존의 세계를 누리게 된다. 유럽의 그 도시처럼 우도는 나에게 또 다른 마음의 고향이 되었다. 그건 우연한 기회에 찾아왔다. 많은 사람들이 어떤 연유로 우도를 찾아가듯 나도 마음의 고향처럼 그리워한다.

유럽의 향기

이 아름다운 마음의 고향으로 누군가를 초대하고 싶었다. 미국에서 나온 최근 마음 아픈 일을 겪게 된 지인 가족이다. 그런데 갑작스런 일정이 생겨서 도저히 함께 할 수 없는 상황이 되었다. 미국으로 돌아갈 일정은 겨우 6일을 앞둔 조급한 상황이지만 무조건 일정을 추진하였다. 그리고 우도로 가는 선착장에서 늦은 배를 승선하게 된다. 아직 밤이 짙게 내리지 않아 우도의 첫인상을 마주하는 데는 충분하였다.

식당이 늦게까지 하는 곳이 없어서 무엇보다 저녁을 해결해야 할 식당을 찾아야 했다. 다행히도 아주 유명한 전복특선요릿집에서 저녁 식탁을 마주하게 된다. 이곳에서 나온 메뉴로 인해 우리의 시장함과 긴장감은 한순간에 다 사라져버렸다.

우도에서만 나오는 게로 만든 간장게장은 무한 리필이 되었다. 밥 없이 살을 발라 먹어도 짠맛이 느껴지지 않아서 폭풍 흡입이 되는 말랑한 느낌의 갑각류였다. 고단함은 이 한 끼의 밥상으로 다 씻겨지는 인정 많은 식당이었다. 저녁을 먹고 나니 우도는 캄캄한 밤이 내려앉아 버렸다. 바다도 이미 잠자리에 든 것처럼 볼 수 없어 아쉬움을 달래야 했다.

제주도를 많이 사랑하는 우리의 친밀한 동행자를 의지하여 조심스럽게 우도의 좁을 길을 운전하여 숙소로 향했다. 누군가 하얀 모래사장에 앉아서 밤바다를 내려다보고 있다. 어린아이들을 동반한 젊은 가족이었다. 잠을 자려는 바다를 내려다보는 그들의 친근한 눈을 마주하는 우도의 바다는 행복할 것이다. 나도 그들 곁에 내려가서 우도의 밤바다의 잠결 소리를 듣고 싶었다.

생소한 숙소에 짐을 풀고자 로비로 들어서는데 무엇인가 유럽풍의 느낌이 들었다. 수년 전 유럽에 성지순례차 박사 연구팀들과 다녔던 분위기를 마주하게 된다. 짐을 풀고자 각자의 방으로 향하는데 엘리베이터가 중간층에만 연결이 되었다. 그곳에서 나오니 또 다른 1층의 공간으로 진입하게 된다. 걸어서 정원 같은 공간을 지나 계단을 오르고 나서야 방에 들어갈 수가 있었다.

방문을 열고 보니 거실도 넓고 2개의 방에 침대가 갖춰진 안락함에 맘에 든다. 창문을 열어 보니 뷰가 아주 좋아 우도의 선착장을 향하여 바다가 한눈에 들어온다. 지난번에 보았던 돌고래의 유영을 볼 수 있겠다는 생각이 들었다. 우도에만 사는 친구들의 안부가 궁금했고 그들의 어려움을 도울 수 없음에 마음이 늘 좋지 않았다.

생소한 숙소에서 아침을 맞이하니 비 예보는 다 사라지고 청명한 하늘이 창가에 마중 나와 서 있다. 바다와 바람과 햇살을 동반하고 창가에서 나를 들여다보고 있었나 보다. 반가운 마음에 창문을 열고 마음으로 만지고 입으로 마시고 웃음으로 마주했다. 이 생소하게만 느껴지는 숙소에서 제공하는 조식을 맛보려고 일행과 방을 나왔다.

익숙하지 않은 계단을 내려와서 마치 뒷마당 같은 1층을 걸어서 돌아 오면 다른 건물의 2층으로 들어가는 구조였다. 이 생소한 느낌의 식당으로 들어서니 눈으로 보이지 않는 공간이 숨어 있었다. 우도의 숙소에서 처음 만나는 유럽 느낌이 자꾸만 가고 싶었던 마음의 고향의 향기를 불러왔다. 숙소에서 제공하는 미술관을 관람하려고 하니 비로소 그 생소함의 비밀을 알게 되었다. 이곳은 바로 유명한 화가이며 건축가인 오스트리아인이 설계한 숙소이며 그의 작품이었던 것이다.

훈데르트 바서 하우스

처음 알게 된 훈데르트 바서 미술관에서 그를 만나게 된다. 그의 작품들을 빠르게 보면서 말할 수 없는 눈물이 흐르기 시작했다. 무슨 이유인지 알 수가 없어서 그의 작품들을 조금 자세히 읽어보아야겠다는 생각이 들었다. 이방인인 그의 젊음과 노년의 모습을 보면서 이웃집 아저씨 같은 교감을 안겨준다. 그런데 왜 하염없이 눈물이 나는지를 알 수가 없었다.

그의 작품과 짧은 설명들을 읽는데 무엇인가 가슴속에서 그가 느꼈을 생명의 기운들이 나를 움직이고 있었다. 그의 글을 읽기도 전에 난해한 그림들을 보면서 그가 누구인지 아직 보지 못한 상태인데 나의 눈에서 눈물을 자아냈다. 그리고 그의 흉상과 글 앞에서 자연을 통한 신과의 대화와 그를 닮고 싶은 인생의 여정 앞에 가슴이 덜컥 내려앉았다. 이것이 나를 울게 한 것이로구나……!

나는 왕이다

나는 왕이다. 나는 스스로 찬란한 왕관을 쓴다.

나는 부유하다. 언제나 풍요로움이 나를 쫓는다.

우리 모두가 왕이 될 수 있는 축복을 스스로 거부한다는 사실이 나를 슬프게 한다.

자기 자신의 왕관을 쓰고 그대가 가진 모든 소유를 헤아려 보라 하지만 지금 그대는 왕이 될 수 있었던 젊은 날의 패기를 잃어버린 힘없고 처량한 노예가 되었다.

나는 그대가 눈물의 골짜기를 벗어나

나와 함께 왕들의 풍요로운 계곡에 머무르기를 원한다.

그곳에서 우리는 더는 스스로 왕이 되어야 할 필요조차 느끼지 못한다.

우리 모두가 자연과의 조화를 꿈꾸며

창조의 능력을 회복할 수 있을 때 저마다의 낙원과 왕국은 비로소 우리 자신의 소유가 된다.

그대는 이제 어딘가에 있을 또 다른 낙원이나 상상 속의 왕국을 찾아 머나먼 여행을 준비하지 않아도 된다. 그대의 낙원과 왕국은 동네 어귀 어딘가에 있을 법한 길모퉁이에서 시작될 것이기 때문이다.

그는 자연을 통해 하나님께로 나아가며 자연을 통해 하나님이 자신에게 왔음을 인지한 사람이다. 그는 자연을 통해서 자신이 얼마나 부요한가를 알게 된 자유인이 된다.

공간을 뛰어넘는 만남

그가 특이함은 그의 그림이 캔버스 안에 한정된 것이 아닌 건물로 확장된 점이다. 그의 건물들은 단순한 건축이 아니라 동화 속에 나오는 요정들의 집을 만들었다. 종이만이 화폭이 되어 준 것이 아니라 건물이 그를 그림을 그리는 종이로 보이게 만든 것이다. 이런 발상은 어디에서 온 것일까? 궁금하지 않을 수 없다.

그건 바로 곧 예측할 수 있는 정답을 그에게서 얻을 수 있게 한다. 하나님께서 자연에 그림을 그린 것처럼 그는 하나님을 따라 화가가 된 것이다. 그는 이런 놀라운 길을 어떻게 갈 수 있었을까? 그는 마음의 눈으로 그의 곁에 계신 신의 숨소리를 느끼며 그의 신성을 사랑했기 때문일 것이다.

화가인 그가 그린 그림 중에 설계하여 건축한 서민 아파트의 모습을 사진으로만 보아도 그의 마음을 읽을 수 있다. 그는 건축에 관하여 획기적인 길을 만들어 놓은 것이다. 그가 말하기를 이전에는 페인트공들이 집을 칠했다면 이제는 화가들이 집을 창조하고 건축가들은 그림대로 집을 짓는다고 말한다. 더 이상 아름다운 집이 존재하지 않기 때문이라고 말하고 있다. 이런 마음은 그가 지은 집이 자연의 연장선상 위에 있다는 그의 생각에서 나온 듯하다.

그는 건축을 하나님의 창조의 연속선상으로 신과 협조하고 있음을 느끼게 한다. 그는 되도록 자연을 손상하지 않으려고 한다. 자연 위에 사람이 살아야 할 공간을 짓는다면 단지 굴의 형태를 취하고 있다. 그가 쓴 땅만큼 땅속에 지어진 건축물로 여기며 다만 그것을 지상 위로 세울 때는 자연도 옮겨온다. 이것이 어떻게 가능한가에 그는 이렇게 말한다. "하늘 아래 모든 지붕은 자연으로 되돌아가야 한다."

그리고 모든 건축물 위에 원래 주인이었던 자연을 지붕 위에 올려놓는다. 자연을 존중하고 자연을 힘입어 살아가고 자연을 사랑하는 그의 마음은 단순히 마음에서 멈추지 않는다. 그의 삶 속에서 자연을 존중하며 건물을 짓고 사용한 땅을 반드시 건물 위에 올려놓고 되돌려준 뒤에 함께 더불어 살아가는 공간을 재탄생시킨다.

자연을 "다스리고 정복하여 충만하라"는 성경의 구절을 훈데르트 바서만큼 지킬 수 있다면 행복의 의미를 잃지 않을 것이다. 그리고 그의 건물에서 지금 막 발견한 사실 하나는 안과 밖의 소통의 장을 열어놓은 것을 보게 된다. 그는 건물 내부와 외부를 아주 자연스럽게 하나의 몸을 이루게 하였다. 바로 건물마다 특이한 창문의 구조를 보게 된다면 알게 된다.

창문 사이로 바람만이 들어오는 것이 아니라 자연이 그대로 방 안으로 건물 안으로 들어오게 하였다. 박물관 안에 그의 그림과 전시물을 보면서 흐르는 눈물을 삼키며 사진을 찍었다. 어느 순간 나는 그의 그림을 찍고 있는 것이 아니라 창문이라는 액자를 찍고 있었다. 바로 그가 설계한 창문이 액자처럼 밖의 자연을 벽에 걸어 둔 기분이 들어서 사진을 찍지 않을 수 없었다.

바서가 창문 액자에 자연의 그림을 걸어 둔 것인지 아니면 내가 순간 발견한 것인지 아직은 알 수가 없다. 그의 작품을 통해 그의 내면으로 걸어 들어가면서 나는 놀라운 사실 하나를 발견하게 되었다. 그가 있는 곳에 그는 없고 자연을 만나게 해준다는 사실이다.

바서가 만든 자연으로 달리는 마음

그의 어떤 장치에 나는 지금 마술처럼 홀리고 있는 것만 같다. 건물 지붕 위에는 대부분 정원을 그대로 올려놓고 있어 집 안으로 들어가서 다시 지붕 위의 자연으로 이끌어 준다. 집과 자연이라는 공간은 분리되지 않고 있다. 그리고 특이한 형식 중의 하나가 양파 모양의 돔을 세운 점이다. 이 양파 모양의 돔을 통해 그는 무엇을 제시하려고 했을까, 이다. 누구든지 그가 설명하기 전에 아니 해설자들의 설명을 듣기 전에 느끼고 싶어졌다.

나는 그에 대한 설명을 읽지 않고 있다. 다만 나의 직관 안으로 그가 들어와 말을 걸어주기를 바란다. 그리고 충분히 그의 내면의 의도를 읽어주기를 바라는 것만 같다. 집으로 돌아와 종종 그를 생각할 때마다 돔 속에서 그의 내면에 양파처럼 숨겨진 순수한 겹겹의 에너지와 진리의 정신을 만지게 된다.

근데 분명한 것은 그의 작품이 말하고 보여주는 것에 신성함이 있다는 것이다. 눈물이 있으나 두렵지 않은 자유를 느끼게 하며 홀로 있어도 왕이 되게 하는 능력을 주고 있다. 자연을 걸어둔 그의 건물 안에서 울다가 그를 소개하는 책의 소제목 속에 다섯 개의 피부를 가진 화가 왕이라는 문구가 눈에 들어왔다.

제1의 피부를 표피로 제2의 피부를 의복으로 제3의 피부를 인간의 집으로 제4의 피부를 사회적 환경과 정체성으로 제5의 피부를 글로벌 환경과 생태주의라고 말하고 있다. 제1의 피부 외에는 모두가 우리 스스로 얻을 수 있거나 받을 수 있는 것이라서 즐겁다.

그는 제3의 피부를 우리에게 입혀주려고 자연의 어머니가 되어 그의 집으로 초대한 것이다. 나는 이 피부를 좀 더 실감하기 위해 그의 건축물이 즐비한 그의 고국으로 마음이 달려가고 있다.

이런 특별한 사람을 우도에 와서 만나다니 너무나도 소중한 만남이었다. 나는 돌고래를 보고 싶었고, 환경오염으로 암이 걸린 그 친구들의 안부를 묻고 싶었는데…….

생각지도 않은 또 다른 유명을 달리한 고상한 친구를 만나게 된 것이다. 나는 이 화가를 나의 마음의 친구로 받아들이고 싶었다. 그를 알기도 전에 그의 작품이 전시된 공간에서 나를 울게 만든 연유 때문이다. 그가 무례하다 말할지라도 나는 그의 남긴 삶의 발자취를 따라 그와 우정을 쌓아가고 싶다.

그리고 그의 건축물이 말해 주고 있는 자연과의 생존하는 이야기들을 듣고 싶다. 훈데르트 바서 하우스에 들려서 빈의 쿤스트하우스와 말발굽 모양의 '다름슈타트의 나선형의 숲'으로 가고 싶다.

오스트리아의 고속도로 휴게소에 들러 레스토랑인 바트 피샤우에서 식사를 할 것이다. 슈타이어마르크 주 동부의 블루마우에 있다는 온천 마을인 롤링힐즈로 달려가 인간과 자연의 가장 이상적인 조화라고 극찬하는 마을을 마주하고 싶다.

그의 삶에 이렇게 늦게라도 예우를 갖춰 인사하러 떠나고 싶다. 그가 마치 자유를 갈구하는 이에게 초청장을 보냈다면 그건 바로 나에게도 해당된다고 부르짖고 있다. 자연의 또 다른 어머니의 모습을 살다 간 그의 집으로 가 보련다.

가을의 작별 인사

단풍나무

 올해 가을날은 작별 인사도 없이 쓸쓸히 바삐 가버리고 있다. 가을 친구들의 인사말을 듣지 못할까 봐 서둘러 산으로 달려간다. 대전로 2번 길 도로 삼괴1교는 단풍나무들이 살고 있는 주소이다. 금산으로 향하는 남대전의 길에 자그마한 단풍나무들이 가을이면 붉게 타오르는 도로가에 서 있다. 해마다 가을이 되면 햇살이 온통 단풍나무 가지에 쏟아져서 타오르는 걸 볼 수 있는 도로이다.
 해마다 이 친구들의 불꽃을 자주 보러 달려가게 된다. 그런데 올해는 아름다운 빛이 나뭇가지 위로 내려오지 않았다. 단풍잎들은 말없이 나뭇가지와 작별도 없이 다 사라져버렸다. 올해는 아무 이야기도 남기지 않고 다 떠나 버렸다. 순식간에 검은빛 나뭇가지들만 옷을 벗은 채 서 있다.

아름다운 마음을 서로 나누지도 못한 채 겨울나무로 서 있다. 무슨 연유가 있는지 알 수가 없어서 놀란 가슴에 비명을 지르게 된다. "아니 어떻게 된 것이죠? 나뭇잎들이 다 사라져 버렸어요?" 적어도 2주간 이상은 붉은빛 단풍이 들고 가지마다 아름다운 가을 이야기를 들려주던 가로수들이었다.

아름다운 가을의 세계로 인도하던 친구들이 무슨 이유로 겨울의 문으로 벌써 들어간 것일까? 주변을 바라봐도 가을의 빛은 완연히 시들어 가고 있다. 다급한 마음으로 만인산 가을 친구들의 작별 인사를 들으려고 달려가게 된다.

플라타너스

큰 플라타너스가 줄지어 서 있는 오솔길로 들어서니 껍질을 벗고 서 있는 흰 기둥이 보인다. 마치 하늘을 받치고 서 있는 대리석 기둥처럼 멋지게 산으로 들어가는 문을 열어준다. 어제보다 더 많은 나뭇잎들이 플라타너스의 발아래 낙엽의 옷을 다 벗어놓고 있다.

플라타너스의 문을 지나 광장 같은 주차장에 차를

세우면 대전천의 발원지에서 흐르는 계곡물 흐르는 소리가 들린다. 키 큰 플라타너스를 심어 놓고 벤치들이 놓여 있다. 그곳에 산책 나온 사람들이 한가하게 앉아 있는 걸 보면 유럽의 공원에 와 있는 착각이 들 정도로 이국적인 공기가 느껴진다. 아마도 키가 큰 플라타너스가 외래종이라서 그런 것인지도 모른다.

무심히 보았던 나무인데도 가을이 되니 그 나라의 향기가 느껴진다. 한 그루의 나무에서도 그의 고향이 느껴지는 건 가을이 주는 선물인 것만 같다. 흰 기둥처럼 보이는 나무를 마주하고 벤치가 놓여 있고 계곡에서 흐르는 물소리 들으며 한가하게 사람들이 앉아 있다.

다정하게 대화를 하거나 온몸을 자연의 소리에 귀를 기울이고 있다. 그들에게서 햇빛을 사랑하고 즐기는 유럽인들의 일상이 보인다. 플라타너스가 내어준 그늘 밑에서 이런 여유와 만족을 누린다는 것은 아마도 그의 고향이 가져다주는 정서인 것만 같다. 아마도 아카시아 나무나 밤나무 밑에서는 이런 일상의 여유를 누리진 못할 것 같다.

올레길

산으로 오르는 길은 한참이나 넓고 평평한 길을 따라 걷게 된다. 이 길에 들어서면 작은 호수 같은 제방이 있다. 요즘은 올레길 공사가 한창이라서 그 진행 과정이 궁금하여 더 자주 찾게 된다. 제방 근처로 길을 내주고 산으로 더 가까이 가는 길이 거의 다 완성이 되었다.

계곡물을 따라 데크 길을 이어주고 제방을 스치며 얕은 산자락으로 길을 이어준다. 철로 1차 작업을 하고 데크로 다시 이어주는 고된 작업을 통해 새로운 길이 열렸다. 작은 음악회를 할 수 있는 잔디 광장 위로 지나면 넓은 분수가 있는 곳에 이르도록 길을 만들어 놓았다.

터벅터벅 흙길을 걸어서 산 중턱으로 올라가는 길 옆으로 냇물이 흐르는 옆으로 길이 놓여져 간다. 새로 작업한 길을 걸을 생각을 하니 마음이 설렌다. 나무들이 더 잘 보이고 작은 식물들도 더 사랑스럽다. 자연은 이처럼 사람들의 손에서 가꾸어지고 보호되면서 더 친근함을 누리는 것 같다.

아그배나무

예전엔 앞만 보고 걸은 탓인지 길가에 서 있는 나무들

이 잘 보이지 않았다. 어쩌면 올가을에 나뭇잎들이 작별 인사 없이 떠나는 바람에 보인지도 모른다. 뜻밖에 사람의 키보다 훨씬 큰 나무들이 서 있는 가지에 노오란 열매들이 주렁주렁 달려 있는 게 보인다.

이렇게 큰 나무들이 달고 있는 작은 구슬들이 무엇인가 살펴보니 노랑빛이 나는 주황빛 열매들이 많이도 달려 있다. 바로 아그배나무였다. 몇 년을 그 옆을 스치고 지나가면서 꽃들만 보았을 뿐이었다. 그런데 올가을에서야 주황빛의 열매들을 마주하게 되었다. 너무 작아서 잘 보이지 않을 뻔했는데 이제서야 눈에 보인다.

대부분 가을의 열매들이 빨간색을 띄고 있는데 비해 배 같은 색깔을 가지고 있다. 이제야 아그배나무와도 친해진 것 같아서 기쁘다. 이렇게 산에 오르다 보면 조금씩 그들의 이름도 외우고 잎의 모양이며 꽃들과 열매들도 알아가게 된다.

나도 나무처럼

산들이 나에게 보여주고 들려주는 이야기를 더 많이 듣고 이해할 수 있게 된다면 좋겠다. 나도 그들처럼 하나의 자연으로 자라며 꽃이 되고 열매가 되고 다시 꽃이 되고 열매가 되어 가면 좋겠다. 산이 주는 매력이 있어 자주 산에 오른다. 갈 때마다 그들이 보이고 그들의 냄새가 다르게 느껴진다. 나의 두 눈으로 그들을 다 담을 수도 다 찾을 수도 없다.

산에 오를 때마다 매일 새롭게 바라본다. 내 삶에서도 이렇게 매일 새로운 냄새가 나고 새로운 모습들로 변화될 수 있다면 좋겠다. 나무마다 같은 모양도 없고 가지마다 같은 모습도 없다. 서로를 기대어 서서 서로를 아름답게 만들어 주고 있다.

잎사귀마다 자신들의 이야기를 만들어 놓고 있다. 그 이야기가 재미있어 때론 바라보고 만져보고 사진으로 찍어보기도 한다. 바람에 흔들리기도 하고 묘한 냄새도 가지고 있다. 때론 바람에 흔들리는 소리조차 각각의 노래가 있다. 이런 친구들의 이야기를 듣는 귀가 열리기 시작한다.

버즘나무

참나무 같아서 바라보았는데 버즘나무라는 이름표를 달고 있다. 생소한 이름과 투박한 껍질의 기둥이 주는 느낌은 친근하지는 않았다. 키가 큰 이 버즘나무는 작은 나무들 사이에서 높이 솟아 있었다. 한참을 올려다보니 잎사귀가 어디서 많이 본 것 같다.

바로 플라타너스였다. 숲속에 가려져서 아직 껍질을 벗지 못한 채로 이름을 알 수 없게 자라고 있었다. 나무 꼭대기의 가지들은 겨우 껍질을 벗고 흰 살을 드러내고 있다. 그래서 버즘나무가 플라타너스라는 것을 알게 한다.

한국 사람들이 나무껍질이 벗어진 모양이 버짐이라는 피부병 같아 보여서 이런 이름을 붙이게 된 것이란다. 이렇게 근엄하고 튼튼하고 훤칠한 외래종 나무에게 병명 이름으로 부른다는 것이 좀 마음에 들지 않는다. 외래종으로 이국에 와서 사는 것도 나름대로 적응하기 어려웠을 텐데 굳이 이런 이름으로 부르게 됨이 아쉽다. 우리나라의 대부분 가로수로 살고 있는 이 외래종 나무에게 이런 안 좋은 이름이 있다는 것을 모르는 게 좋을 것만 같다.

누리장 열매

가을이 되면 누리장나무는 흑진주라고 불릴 만한 검은 열매를 빨간 별 모양의 껍질 위에 올려놓고 있다. 여름에 하얀색의 5장의 꽃잎 속에 희고 긴 수술이 나오는데 꼭 고양이 수염 같다. 이 흰 꽃이 지고 나면 꽃받침만 남아서 가을이 되면 붉은색으로 변하고 주머니가 터지면서 검은색 진주 열매처럼 보인다. 만인산 깊은 계곡이 흐르는 곳 다리 난간 옆에 화려하게 매달려 있다.

데크 길이 다시 시작되는 다리 밑에서 자라나 사람의 눈높이로 마주하고 서 있다. 대부분 이 나무를 보는 사람들은 모두 다 꽃이 너무 예쁘다고 바라보고 속삭여 준다.

잎에서 누린내가 난다고 하여 누리장나무라고 불리는 수목인데 열매는 아름답기만 하다. 흑진주나무라고 불러줘도 좋으련만 잎사귀의 냄새를 따라 불리게 된 것이 아쉽다.

이 누리장나무(취오동)의 다른 이름들을 찾아보니 개똥나무, 구릿대나무, 노나무, 개나무라는 얄궂은 이름들만 즐비하다. 오며 가며 아름다운 이름으로 불러줘야겠다는 생각이 든다. 별꽃나무, 흑진주나무라고 부르면 좋을지 생각 중이다. 꽃이 아름다워 더러는 여성의 장식용인 브로치(brooch, pin) 같다고도 한다.

누리장나무

약용으로 쓰기도 하는 누리장나무 즙은 고혈압, 심혈관 질환, 관절염, 중풍, 구안와사, 지방간, 피부질환 등에 좋다고 한다. 이름보다 쓸모가 많은 이 누리장나무에게 좋은 이름으로 개명해야 하는 건 아닐까 건의하고 싶어진다.

누리장나무를 잘 말려서 떡국 크기만큼 썰어서 팔기도 하는데 명품 약초로 알려져 있다. 차로 끓여 먹으면 약간 달큰하고도 담백한 맛이 나기도 한다니 누린내라는 잎사귀의 성분은 다 잊어버렸으면 싶다.

우리나라 사람들은 무엇이든 자연의 좋은 성분들을 먹고 마시고 약용으로 쓰는 걸 보면 참 대단한 민족이라는 생각이 든다. 그만큼 자연으로 돌아가서 자연과 하나가 되기를 갈망하는 것인지도 모른다. 화초로 키우며 꽃을 사랑하다가도 약용으로 사용도 하니 우리의 몸은 자연을 먹고 사는 걸 즐기는 것 같다.

참빗살나무

분수가 솟아오르는 만인산의 작은 호수가 있는 언덕에 오르면 오른쪽 산길로 접어드는 곳에 나지막이 한 그루

나무가 빛나고 있다. 너무나도 앙증맞은 이 나무의 이름이 바로 참빗살나무이다. 아기 손톱만 한 열매 꼬투리가 벌어지고 그 속에 서너 개씩 빨간 열매가 달려 있다. 심장 모양의 꽃받침이 벌어지면서 붉은 열매가 보이는데 숨이 멎을 듯이 예쁘다. 석류알들이 박혀 있는 듯 붉은 물이 뚝뚝 떨어질 것만 같다.

꽃받침이 벌어지고 안으로 말려져 있는 모양은 젤리처럼 말랑말랑해 보인다. 보석을 물고 있는 입 모양 같은 게 너무나도 사랑스럽다.

참빗살나무 잎은 단풍도 들기 전에 벌써 작별을 고하고 보이질 않는다. 아무리 예쁜 단풍이 들어도 이렇게 어여쁜 열매 앞에 아름답다는 말을 듣기는 어려웠을 것이다.

아쉽지만 가을의 작별 인사쯤은 이 작은 구슬 같은 열매에 양보하고 떠난 것 같다. 그래서인지 유독 검은 나뭇가지에 달려 있는 이 열매들은 모든 이의 발걸음을 멈추고 사랑스럽게 올려다보게 된다. 처음에는 이름도 모르고 올려다본다. 그러다가 어여쁜 보석 같은 열매의 이름을 알아보지 않을 수가 없는 것이다.

이렇게 예쁜 열매를 까마귀가 와서 영양 보충을 하기

때문에 '까마귀밥나무'나 '까마귀밥여름나무'라고 불린다고 한다. 까마귀란 새가 눈이 좋은지 이 열매를 발견하고 와서 먹는다니 까마귀에게 양보하기에는 너무 아까운 생각이 들기도 한다. 그렇다고 까마귀에게 까만 열매만 먹으라고 할 수도 없으니 다른 열매들을 알려줘야 할 것만 같다.

살이 촘촘하고 가느다란 빗을 만드는 데 사용하여 참빗살나무로도 불렸다고 한다. 나도 어릴 적 할머니가 이 빗으로 머리를 빗겨주고 갈래머리로 따서 리본을 매주기도 하셨다. 여인들의 머리를 빗어주던 도구가 이 나무에서 만들어졌다니 참 사랑스럽기만 하다.

산수유

가을 산에는 빨간 열매들이 많이 달려 있다. 아직도 푸른 잎사귀들이 아이를 돌보듯 열매들을 감싸주고 있는 나무는 산수유나무이다. 가을 햇살이 잎 사이사이로 쏟아져 내리면 빨간 산수유 열매가 앵두처럼 길쭉한 모양으로 매달려 있다. 이 열매도 얼마나 붉고 달큰하게 생겼는지 모른다. 순간 손으로 따서 앵두처럼 먹고 싶어지는 것이 바로 이 산수유 열매이다.

그 옆으로 서 있는 또 다른 빨간 열매들은 앙상한 가지에 매달려 있거나 바닥에 떨어져 있다. 아직 이 열매의 이름은 모르지만 지나칠 수가 없어 손바닥에 올려놓는다. 온갖 빨간 열매들이 달려서 나무들을 올려다보게 하고 마음속에 보석들을 보듯이 아름다움을 수놓아 준다. 나도 이런 열매처럼 만나는 사람들의 마음과 눈을 만족시킬 열매이고 싶어진다. 산들은 가을과 함께 무르익어 가면서 사람들의 마음을 아름답게 채워준다.

이제는 바다보다 산으로 매일 오게 되는 이유가 산에 사는 친구들에게서 마음의 안식을 얻기 때문인 것 같다. 가을 산에 오르면 보고 듣는 게 많아진다. 조용하다가도 나뭇가지에서 잎사귀가 가볍게 바람결에 춤을 춘다. 날아가는 곳을 따라 바라보면 바람이 데려다준 곳에 한 몸처럼 다정히 쌓여 있다.

구름꽃

울창한 계수나무 잎에 바람이 앉아서 한들한들 그네를 타던 날도 있다. 그늘을 드리우던 나뭇잎이 올가을은 잎사귀 한 장도 붙잡아 두지 못한 채 벌써 이른 작별을 했나 보다. 앙상한 나뭇가지들이 되어 높이 하늘을 우러러보고 있다. 나도 모르게 나뭇가지들이 바라보고 있는 곳을 쳐다보게 된다.

이렇게 높다란 계수나무들이 아름답게 버틸 수 있는 이유를 알게 되었다. 그들이 바라본 것을 나도 보기 위해 사진을 찍었다. 계수나무 가지들이 하늘을 우러러본 것은 구름을 가지 위에 올려놓고 구름 꽃을 피우기 위해서였다.

이미 검은빛이 되어 버린 앙상한 계수나무 가지 위에 흰 구름이 걸리고 구름 꽃을 달고 있는 모습이 하늘의 꽃을 피우기 위해 기지개를 켜고 있는 것이었다. 겨울을 맞이하면 이 나뭇가지 위에 눈꽃을 피우게 될 것이다.

이렇게 하여 모든 나무마다 구름 꽃을 피우고 눈꽃을 달고 하늘의 꽃을 피우게 될 때는 모두가 한 나무가 되어 간다. 이 아름다운 조화는 모든 것을 잃어버린 자리에서 찾아오는 화목의 열매 같다. 이 대자연의 조화 속에 경건함과 거룩한 빛이 스며온다.

낙엽 향수

모퉁이를 돌아서면 향긋한 낙엽 향수가 코끝을 자극한다. 처음에는 이 냄새가 낙엽에서 나는지를 몰랐다.

낙엽이 쌓여 있는 곳에 가면 향긋한 냄새가 더욱 짙어진다. 무슨 냄새가 나는 것일까? 각종 미생물이 활동하는 냄새가 섞여서 피톤치드와 같은 향기로 번지는지도 모른다. 누구의 냄새인가 살펴보고 싶지만 다양한 식물들이 서식하는 바람에 알 수가 없다.

귀룽나무 냄새인가 싶으면 그 옆으로 이팝나무가 서 있다. 이 나무에게서 나는 쌀 냄새인가 싶다가도 바로 그 옆에 물푸레나무가 서 있는 것을 본다. 그럼 도대체 누구의 냄새인가? 낙상홍일까? 자귀나무일까? 산사나무일까? 흔한 뽕나무, 참나무 형제들 모두가 둘러서 있으니 도대체 알 수가 없다.

신이 나서 나는 그들이 보내주는 냄새에 취해서 걷는다. 나만 좋은 줄 알았더니 같이 산책 나온 반려견 램이 나뭇잎에 뒹굴고 나뭇잎 목욕을 하고 온통 잎사귀 잔해를 붙이고 달려온다.

화려한 낙엽들이 떠나면서 향기와 노래를 들려준다. 그들의 작별 인사가 어머니의 침묵 같은 깊은 흙빛 바다로 내 마음을 데려간다.

가을과 겨울이 있는 산

나무 백화점

황톳빛 얼룩무늬의 노각나무 네 그루가 서 있는 언덕길에 올라서면 다양한 나무들이 줄지어 서 있다. 나무들의 백화점에 들어선 것처럼 아름다운 나무들이 촘촘히 길 옆으로 세워져 있다. 이 길목에서 전나무도 자신의 멋진 몸매를 세우고 나무들의 보배들처럼 우뚝 솟아 있다.

겨울로 들어가는 길목이라서 전나무도 쉽게 눈에 들어온다. 잎사귀들이 나무와 대부분 작별을 고한 터라 기둥처럼 서 있는 키 큰 전나무들이 또렷이 올려다보인다. 푸른 침엽수가 촘촘한 전나무는 자신의 푸르름을 과시할 만큼 위풍당당하게 서 있다.

울퉁불퉁 모서리가 많은 신나무가 전나무와 이웃하여

자라고 있다. 그 옆으로 작은 가지들 위에 빨간색 비즈 모양의 열매들이 아름다움을 더하고 있다. 전나무들 사이에서 나무라고 부르기에 어색한 나무에게 눈길이 가는 것은 삭막한 산에 빨강 열매들이 생기를 불어넣고 있기 때문이다.

이런 나무들의 역할이 매우 신비하고 놀라운 것은 자신의 존재가 미약하지만 아름다운 조화를 이루기 때문이다. 이 나무의 이름은 바로 낙상홍落霜紅이다. 한자의 뜻대로 서리가 내릴 때까지 열매가 붙어 있다고 해서 붙여진 이름이라고 한다.

전나무들 옆에 물푸레나무도 견줄 만하게 한 무리로 자라고 있다. 조금 지나면 자귀나무가 비스듬히 휘어진 채 이웃이 되어 서 있다. 잎사귀가 매우 작지만 고상하리만큼 이들 속에서 품위가 돋보인다. 잎 모양을 본뜬 옷이나 커튼과 그릇의 문양으로 실생활에서 자신의 진위를 뽐내고 있으니 말이다.

자귀나무의 꽃은 마치 공작새의 날개를 펼친 듯이 화려하나 이 꽃이 사라진 나무에 겨우 달린 잎 모양이 너무 앙증맞다. 아카시아 잎 모양처럼 서로 마주하고 자라는데 밤이 되면 작은 잎들이 서로 오므라들어서 합환수合歡樹

혹은 합혼수合婚樹라고 불리는 나무이다. 이 작은 잎들이 바람에 흔들리는 소리가 요란하다는 것은 신비한 일이다.

산사나무

오른쪽에 서 있는 나무 군들은 바로 산사나무이다. 특별할 것 없는 나무들에게 눈길이 간다. 이는 겨울로 가는 산속에 낙상홍보다 조금 큼직한 빨강 열매들이 땅 아래로 떨어져 있기 때문이다. 매우 아름다운 빨간색의 도톰한 이 열매들이 땅 위에 뒹굴고 있으면 하나둘씩 주워 담게 된다. 앙상한 가지에 달린 이 산사나무의 열매들이 무리 지어 겨울로 가는 산속의 삶을 넉넉히 위로해 준다. 다람쥐의 먹이가 되는지 산새들의 먹이가 되는지 알 수는 없지만 다람쥐들이 오르락내리락 긴 꼬리를 흔들며 겨울 준비를 하고 있다.

설탕단풍나무의 국격

설탕단풍도 여기저기 나무들 사이에 자신의 군락을 이루고 있다. 이름이 너무 예쁘고 달콤하여 이 나무가 캐나다의 메이플 단풍나무임을 짐작하게 한다. 캐나다

국기 문양의 국격을 갖춘 나무가 이곳에서는 크게 눈에 띄지 않아서 아쉽다. 겨울의 문턱에 서 있는 모습은 더욱 쓸쓸하지만 국격 있는 나무라서 다른 나무들이 대접해 주고 있는지도 모른다.

나무들이 서로를 알아보고 다정히 하나의 다양한 숲을 이루고 있으니 산이 국제 나무들이 서 있는 도시처럼 멋지다. 격식을 갖추듯이 가까이에 계수나무가 반듯이 하늘을 향해 솟아 있다. 하트의 푸른 잎들이 다 사라진 뒤에도 그 풍채는 겨울도 무섭지 않을 만큼 힘이 느껴진다.

키가 큰 계수나무 위에 걸린 구름 사이로 푸른 하늘이 창문처럼 열려 있다. 이 계수나무를 타고 올라가면 마치 하늘로 올라가는 계단처럼 하늘로 가는 꿈을 꾸게 해준다. 키 큰 계수나무 아래서 하늘을 올려다보면 하트 잎보다 더 아름다운 구름을 달고 하늘을 쓰고 있다. 겨울로 가는 나무들에게 벌거숭이가 된 이유를 묻는다면 바로 하늘로 올라가는 중이라고 말해도 될 것 같다.

모든 것을 잃어버린 자리에서 나무들마다 하늘을 날개처럼 펼쳐 입고 서 있는 이 묘한 모습은 무엇일까? 그래서 두렵지 않았음을 깨닫게 된다. 모든 나무 위에 푸르른 하늘이 앉아 있다. 나도 이 숲에 서면 한 그루의 나무가 되어 내 마음도 푸른 하늘에 젖는다.

산수유-이름을 빌려주며 서 있는 나무

오른쪽 산기슭에 서 있는 푸른 나무들도 겨울을 잊고 있다. 빨강 열매들을 보호하는 푸른 잎들은 나무의 진액을 다 소진해 버린 듯하다. 산수유 열매를 감싸고 있는 잎사귀에서 절규가 들리는 것만 같다. 만인산에 많은 나무들 사이에 어머니를 닮은 나무처럼 아직도 생명을 내어 주고 있는 중이다. 산수유의 붉은 열매들은 서로를 의지하여 겨울로 가기를 거부한 채 꽃처럼 피어 있다.

돌아서 가다 보면 산수유의 빨강 열매들과 푸른 잎들의 군락지로 인해 겨울로 가는 나무들이 아름다웠던 여름과 가을을 기억하게 한다.

왼쪽 길에 물푸레나무도 벗은 몸을 드러내고 힘차게 겨울을 맞이할 준비를 하고 있다. 산초나무도 그 곁에서 자라나고 있는데 검은색의 열매를 맺지 못한 채 큰 나무들의 그늘에서 힘없이 살고 있다.

참빗살나무도 이 사이에서 별로 자신의 아름다움을 나타낼 것 없이 지내고 있는 중이다. 다른 나무들에게 모든 것을 양보한 듯이 조용히 침묵하고 있다. 산딸나무들에게 자리를 내주고 낙상홍에게 자리를 내주고 산수유에게 자리를 양보하며 살고 있다. 자신들의 이름을 찾지 않아도 서로가 있어 아름다움을 빛내는 참으로 겸허한 산기슭을 지나게 된다.

생물다양성협약

⟨CBO-ABS 개념과 배경⟩이라는 팻말이 이 숲에 사는 나무들의 삶을 설명해 주고 있다. 1992년 리우에서 개최된 유엔환경개발정상회의(UNCED)에서 생물 종 감소의 가속화로 종 다양성 보존을 위하여 생물다양성협약(CBO)이 채택되어 이 약속을 이 숲이 실현하고 있다는 것을 알게 된다. 이 약속 아래 나무들은 서로를 용납하고 양보하며 종의 다양성 보존을 인지한 것처럼 어울린다.

우리나라는 1994년 154번째 회원국이 되어 생물다양성협약 3대 목적을 실천하고 있다. 만인산에 와서 꿈꾸는 숲을 발견하는 일은 참 자랑스럽고 행복한 일이다. 이 산이 주는 매력을 이제야 발견하게 되었지만 그런 의미 가득한 이곳을 자주 오게 된 마음속의 발걸음이 기쁘기만 하다.

그 3대 목적의 첫째는 생물 다양성 보전이 이 숲의 꿈이 되었음이 아름답다. 둘째, 그 구성요소의 지속 가능한 이용을 위해 잘 가꾸고 관리하는 이 숲이 계획된 산이 되어감이 아름답다. 셋째의 목적인 생물 유전 자원 관련 이익의 공평한 공유를 위해 부를 가꾸고 있다는 것은 실로 이 산의 능력이요 힘이 숨어 있다. CBO-ABS의 정서는 일명 '나고야의 정서'로 채택된 배경에 있다고 한다. 위대한 산을 매일 와서 그들의 꿈을 응원하는 나는 산지기가 되어가고 있다.

계수나무

계수나무들이 나란히 서 있는 길을 지나면 생물들의 다양한 모습을 만날 수 있다. 그들의 이름은 참으로 다양하다. 소사나무가 있고 잎사귀가 멋진 자귀나무와 또 다시 설탕단풍나무가 어울리고 있다. 오른쪽 산기슭에는 산사나무와 반대편엔 참빗살나무들이 빨강 열매를 서로 자랑하듯 자라고 있다.

물푸레나무와 전나무와 산사나무가 사는 곳에 너무나도 이국적이고 키가 큰 일본잎갈나무를 받아들이고 있다. 반대편에 돌배나무와 물푸레나무가 있고 다시

반대편엔 계수나무가 마주하고 있다. 이곳에 벚나무와 붉은 소나무도 함께 자라고 있는데 좀처럼 어울리지 않을 것만 같다.

그러나 계절마다 그들의 다양성을 마주하며 서로를 기대고 의지하면서 색다른 숲을 이루고 있어 세계적인 나무 이야기를 들려주고 있다. 초록의 단풍나무들이 마주하여 터널을 만든 곳에 이팝나무가 이사 와 있다. 그 옆에 느티나무가 아름드리 서너 그루가 모여 그늘을 제공한 곳에는 긴 의자가 놓여 있다. 이곳에서 잠시 쉬는 동안 산책로를 선택하게 된다.

산 아래 휴게소를 향해 내려갈지 태조 태실이 있는 오른쪽으로 돌아가는 길을 선택할 것인지를 결정한다. 일본잎갈나무들이 전나무처럼 서 있는 직진 길이 길게 뻗어 있다. 이곳에 한 그루 올벚나무가 서 있는 걸 보게 된다.

전나무같이 쭉쭉 뻗어 있는 나무를 내려다보면 갑자기 서양의 국립공원에 들어서는 입구처럼 보인다. 그러나 이 길 옆으로 다양한 나무들이 아기자기 살림을 차리고 있어서 풍성하다. 단풍나무가 있고 버즘나무가 가로수가 되기를 포기하고 이곳에서 산다.

그 옆으로 굴참나무와 소나무와 비목나무와 말채나무와 전나무가 한 그루 섞여 있다. 황벽나무도 친구가 되어 있음을 발견한다. 황벽나무의 잎사귀도 자귀나무처럼 아기자기한 잎이 겨우 달려 있다. 그 옆에 뽕나무도 친구하기로 결정한 것 같다. 친구들을 따라 종이 변한 듯이 전나무처럼 굵직한 몸매를 자랑한다.

만인산에 살고 있는 동식물

일본잎갈나무의 길이 시작되는 맞은편에 만인산의 동물과 식물에 관한 안내판이 있다. 이곳에서 사는 다양한 동물과 식물은 거의 본 적이 없으나 정말 놀라운 숲의 풍성함을 알게 된다. 두꺼비와 쇠살모사와 늦반딧불이와 참매와 새호라기와 고슴도치까지 살고 있단다. 이 숲에서 고슴도치까지 집을 얻게 되었다니 정말 만인산이라는 이름처럼 만인이 와서 살게 된 것만 같다.

노루귀라는 보랏빛의 꽃을 가진 식물도 산다. 넓은잎각시붓꽃이라는 보랏빛의 꽃을 가진 식물이 살고 있다. 대팻집나무와 보랏빛 꽃의 으름덩굴식물과 일본잎갈나무가 전나무처럼 우람하게 서 있다. 서로 다툼 없이 잘 살고 있음을 알려주려고 이러한 안내판 맞은편에 일본잎갈나무가 대여섯 그루씩이나 대리석처럼 자라고 있다.

그리고 오른쪽 기슭에는 작은 나무인 참개암나무가 심하게 가지들이 얽혀 서 있다. 무질서한 이 나무 옆에 기쁨의 탄성을 지르게 하는 나무가 있다. 아그배나무 위에 노란빛에 가까운 주황빛의 열매가 추위를 잊은 채 주렁주렁 달려 있기 때문이다.

인내하는 나무

일본잎갈나무들이 끝나는 맞은편 언덕에 졸참나무가 서 있는 끝으로 길이 갈라진다. 수련원으로 올라가는 좀 가파른 도로가 가로질러 있는 언덕에는 은행나무들이 무리를 지어 아름다운 태양의 조명을 한 몸에 받고 있다. 은행나무 발아래 돌담 위에는 영춘화 줄기가 머리카락처럼 담벽 아래로 늘어져 있다. 이 영춘화는 꼭 개나리처럼 노란 꽃이 피는데 특징은 아래로 숙여 자란다. 겨울이 시작되어도 여전히 초록의 줄기와 잎들은 인내하고 있다.

이곳을 기점으로 산언덕을 깍아 놓은 길과 작은 분수가 흐르는 아랫길은 놀이시설과 주차장으로 가는 도로가 나 있다. 산언덕 길은 오른쪽으로 높은 산자락을 끼고 버스를 타는 길까지 한참이나 산속을 걷게 된다.

다시 산길을 선택한 길에서는 검은 돌들이 산자락을 감싸고 있는 모습이 드러나기 시작한다. 이 검은빛 돌 틈에 사는 나무를 올려다보면 고통스러운 삶이 보인다. 넓고 평평한 바위 위에 나무들이 뿌리를 돌 위에 얹혀 놓고 자라난다. 뿌리가 다리처럼 몸을 받들어 주고 있다.

이 길은 돌과 나무들이 서로 얼키설키 살고 있다. 돌산에서 자라는 나무들은 몸이 비틀리고 휘어져 있다. 병든 나무처럼 고통스러워 보인다. 바위틈 사이에서도 생명을 이어가며 인내하는 나무를 보게 된다.

숲 집, 숲 학교

최근에 이 길목에 산장 같은 예쁜 집들을 지어놓고 줄참나무, 단풍나무, 굴피나무라는 이름까지 달아놓았다. 현대식 오두막집 같은 집들을 12동이나 길옆과 건너편 산 도로 아래까지 만들어 놓았다. 신체 약자들을 위해 휠체어가 들어가는 화장실이 갖추어진 곳이 2동이나 된다고 작업자들이 설명을 해준다. 맞은편 산언덕에 굴참나무가 자신의 이름으로 불리는 집을 이상하게 지켜보고 있다.

검은 돌들이 쌓여 있는 길을 지나면 숲속 해설가들이 수업을 준비하는 작은 컨테이너 사무실이 나온다. 어린이들의 숲 체험을 위해 언덕에 아기자기 나무 소품들을 장식하고 매일 산속 이야기를 준비하는 장소이기도 하다. 이런 숲 학교가 있는 곳에 중국단풍나무들이 들어서 있다. 마치 자신의 마당 정원에 서 있듯이 자연스럽게 자리하고 있다는 느낌이 좀 어색하다.

그러고는 이곳이 나무들의 백화점처럼 세계의 질서와 약속을 지켜가는 국제적 지위를 갖춘 산임을 인정하게 된다. 이런 숲길에 깔끔한 화장실이 잘 갖추어져서 생리현상을 해결하고 다시 숲길을 갈 준비를 하게 되는 여유가 생긴다. 은행나무 한 그루가 화장실 옆에 서서 노란 잎들을 가득 덮어주니 따뜻한 화장실의 안락함을 기억나게 해주는 다정함이 묻어나는 화장실이다.

그 옆으로 앙상하고 볼품없어 보이는 아카시아나무가 서 있지만 여름날에는 하얀 꽃과 향기가 있어 화장실의 격을 높여준다. 우기가 되면 높은 산 자락에서 흐르는 물길을 위해 넓은 돌 터널이 길을 가로질러 지하로 빠져나가도록 물의 길이 만들어져 있다.

이 아래로 산초나무가 검은 열매를 부채처럼 펼쳐

들고 있어서 발돋움으로 따려고 난간에 매달려 보기도 하는 곳이다. 누리장나무 꽃들도 하루가 다르게 자취를 감추어가고 있다. 누리장나무잎 한 장을 뜯어서 정말 누린내가 나는지 맡아본다. 꽃과 열매가 아름다우니 잎사귀에서 나는 냄새도 향긋하게 풍긴다.

돌 자갈밭 옆으로 데크 길 위에 멋진 나무들이 길 중앙에 구멍을 뚫고 그들의 터전을 허락한 길을 걷게 된다. 이 부드러운 데크 길 위에 서 있는 멋진 나무들이 바로 은사시나무와 층층나무들이다. 난간 아래로는 산딸나무와 갈참나무들과 벚나무들이 서로를 기대어 서서 오고 가는 사람들을 사랑해 준다.

소나무 길

이제부터는 오롯이 소나무의 향기가 풍기는 소나무 길을 걷게 된다. 잠시 이 깊은 골짜기를 선택하기 전에 찹쌀호떡이 유명한 휴게소가 있는 계단으로 내려가고 싶은 유혹을 받는다. 금산으로 가는 도로가 산과 산을 나누는 곳을 긴 철제의 높은 다리가 산과 산을 연결한 곳의 의자에 앉아 잠시 쉬게 된다. 이 깊은 골짜기 같은 내리막길은 많은 사람들의 선택을 받지 못한다.

버스정류장으로 내려가기까지 한참을 걸어가는 이 깊고 고즈넉한 길에 소나무 위로 햇살이 쏟아져 내린다. 고향으로 가는 길에 있을 만한 오솔길이 나오고 산새들의 노래도 제법 크게 들린다. 검은빛 솔방울들이 매달린 소나무가 서로 머리를 기대고 이 길을 걷는 사람들을 내려다보고 있다.

　세 번이나 길이 끝날 것 같은 모퉁이를 돌다 보면 장독대가 놓인 99칸의 한옥집 마당으로 들어서는 착각이 든다. 햇살이 눈부시게 아름다운 모퉁이를 돌 때마다 새로운 문에 들어서는 묘한 기분이 든다. 오고 가는 사람이 드문 이곳을 걷노라면 조선시대의 분위기에 젖는다. 고향집으로 향하는 나그네의 뜨거운 무언가가 가슴속에 꿈틀거림을 맛보게 되는 숲길을 간다.

작은 생명들의 아름다움

이끼 꽃

 의무감처럼 산을 간다. 산이 품고 있는 식물들이 궁금하여 올라간다. 옷을 벗은 겨우살이 나무들이 궁금하여 올라간다. 계곡도 살얼음이 덮여가고 이 추운 겨울을 버텨내는 나무들을 보러 간다. 잎의 옷을 다 벗고 죽은 듯 서 있는 한아름 되는 나무들이 있는 곳에 가서 껴안아 본다.

 가까이 가 보니 온몸에 솜털 같은 꽃이 촘촘이 피어 있다. 죽은 것 같은 나무 위에 푸른 녹색의 이끼가 인조잔디처럼 덮여있다. 자세히 보니 솜털 같은 모양은 가녀린 이끼의 꽃이었다. 이렇게 작은 식물이 있다는 것이 놀라울 정도였다. 혼자의 힘으로 설 수 없어 나무를 의지하여 담쟁이처럼 몸을 붙인 곳에서 1센티 정도의 꽃이 피어 있다.

이끼류의 종류 중 우산이끼류, 솔이끼류, 뿔이끼류를 묶어서 선태류라고 부른다. 이끼는 포자로 번식하며 뿌리, 줄기, 잎의 구분이 뚜렷하지 않은 식물에 속한다. 이끼류 중에서도 우산이끼는 가장 원시적인 식물로 알려져 있다. 꽃, 잎, 줄기, 뿌리를 모두 갖추고 씨앗으로 번식하는 종자식물은 20만 종에 이른다고 한다.

포자식물은 꽃을 피우지 않고 원시적인 씨앗이라고 할 수 있는 포자를 만들어 번식하는 식물 종류이다. 이끼류에 속한 선태식물과 고사리 등의 양치식물로 분류된다는 사실을 알게 되었다. 이런 선태류의 이끼식물이 나무 곳곳에서 신비한 생명체로 존재하고 있었다.

화분을 심고 그 위를 장식하기 위한 두툼한 이끼를 본 적은 있지만 추운 겨울 나무 위에서 솜털처럼 매달린 모습은 경이롭기만 하다. 이런 이끼류는 관다발이 발달하지 않아서 높이 자랄 수 없어 땅바닥에 납작 엎드려 서식한다. 주로 이 산을 걷고 있으면 바위 위에 미끄러지지 않은 채 푸른 생명체가 붙어 있는 것이 이끼였다. 바닥의 축축하고 습한 곳에서 주로 볼 수 있었다.

그런데 올겨울에 만난 이끼는 높은 나무 위를 온통

자신의 영역으로 덮어 버렸다. 이 이끼의 도전에 놀라지 않을 수가 없어서 올 때마다 사진을 찍고 갈색 톤의 작은 꽃의 신비함에 숨을 죽인다.

이끼는 물속에서 살던 원시적인 식물로 육지로 진화해 가는 중간 단계의 생물로 알려져 있다. 환경에 적응하기 위해 습하고 외진 곳에서 뿌리와 잎과 줄기가 한 몸 되어 기대어 사는 강한 생명을 만난다. 땅이나 바위 근처에 서식하는 이끼가 이처럼 높은 나무를 타고 올라가면서 나무 한 그루에 자신의 존재를 남겼다.

이 이끼의 몸에서 붉은빛이 섞인 꽃봉오리가 솟아나서 햇빛을 향해 흔들리고 있다. 실낱같이 솟아나서 이끼인지 나무인지 구별이 안 될 만큼 벌거벗은 한 아름 되는 나무 위를 겁도 없이 올라가 자신의 영역으로 삼아 버렸다. 겨울잠을 자는 나무에 기대어 자신의 집을 지어 여린 꽃을 피우는 이끼의 숨소리가 들리는 동안 이 나무는 이끼나무인 것이다.

나무의 소리

언덕길을 올라가니 유독 푸른 나무 한 그루가 있다. 한 주먹 되는 몸인 전나무가 자기 크기만 한 단풍나무와 기대어 서 있다. 단풍의 잎사귀가 전나무 위에 걸려 있다. 작지만 전나무의 푸른 침엽수의 솔잎마다 생기가 밀려온다. 탄소 중립 2050의 실천을 위해 내 나무 심기부터 시작하는 탄소 흡수 숲을 만들자는 팻말이 서 있다.

'인간의 활동에 의한 온실가스의 배출을 줄이고 남은 가스는 줄이고 제거해서 실질적인 배출량이 0(ZERO)이 되는 것으로 2050년의 탄소 중립을 이루겠다는 의지 표명의 시작'을 알리고 있다.

이 숲은 많은 일들을 계획하고 사람들을 향해 소리를 외치는 살아 있는 산, 뜻을 품은 산, 생각하는 산이 되어가고 있다.

겨울이 되어도 나무 결은 더욱 초록빛을 띠고 있는 단풍나무도 있다. 유독 이 나무의 단풍잎은 가을에 떠나지 않은 채 여전히 나뭇가지마다 마른 잎으로 매달려 있다. 자신이 단풍나무의 열매로 남고 싶은 것처럼 말려진 잎사귀가 풍성하다. 가만히 다가가 만져보니 바스락거리며 부서진다.

이 가벼운 몸으로 가지 끝에 그대로 매달려 여전히 꽃처럼 열매처럼 나무를 가꾸는 단풍나무 잎사귀였다. 맞은편에 메타쉐콰이어의 멋진 모습에도 눈에 띄는 단풍나무다. 작지만 줄지어 서서 가을이 오기만을 기다렸던 단풍나무들이 가느다란 가지의 손으로 잎사귀를 부여잡고 있다. 겨울 앞에서도 가을의 대표라고 굳이 소리치고 있는 것만 같다.

대팻집나무

유독 빨강 열매들이 주렁주렁 달려 있는 산기슭에 올라가면 감탕나무과의 대팻집나무도 살고 있다는 사실에 놀랍다. '대팻날도 제 집이 있다'는 말처럼 말라도 갈라지지 않는다는 그 단단한 나무가 이 길가에 살고 있다. 겨울에 만난 나무라서 빨강 열매로만 알 수 있을 뿐이다. 그럼에도 이 훌륭한 대팻집나무를 알기란 어렵다. 내년 봄이 되면 위험한 대팻날의 안전한 집이 되어주는 이 나무를 찾아 보기로 한다.

열매가 낙상홍과 비슷하고 산사나무와 비슷한데 유독 이들 곁에 서 있으니 구별이 안 되어 미안한 마음이 든다. 작은 방울토마토 같은 모습이기도 한데 낙상홍과 너무 닮아 있어 잘 알 수가 없지만 키가 큰 나무라는 특징만으로 살펴볼 뿐이다.

대팻집 나무로 인해 연장 중에서 가장 아름다운 대패

를 사랑하게 된 내 안의 이유를 알 것만 같다. 낫, 전지가위, 호미, 망치, 톱, 드라이버, 괭이, 쇠스랑, 삽 등은 더러 손에서 다룬 친근한 도구들이다. 그러나 대패는 내가 다뤄 본 연장이 아니다. 어느 날 목수분이 나무를 다듬는 걸 보고 대패에 맘이 뺏겨서 대패 좀 줄 수 없느냐고 했던 적이 있다.

대패가 지난 자리마다 딱딱한 나무들이 얇게 벗겨져서 돌돌 말려 나오는 모습이 신기했다. 단단한 나무가 무처럼 한 겹 한 겹 벗겨지고 다듬어지는 모습에서 멋진 대패를 보게 되었다. 무슨 이유인지 대패가 장난감이나 장신구처럼 느껴져서 집에 진열하고 싶었다.

우연한 기회에 손바닥 크기만 한 작고 예쁜 대패를 구입해서 간직하게 되었다. 위험한 날을 감출 수 있는 대팻집에 마음이 뺏긴 것인지도 모른다. 이제 와 생각해 보니 그 직육면체의 단단한 나무 속에 숨어있는 그 대팻날의 집에 마음이 끌린 것이다. 정작 나야말로 단단한 대팻집이 필요했었던 것 같다.

죽은 나무의 조문

'죽은 나무들은 어린 나무를 키운다'는 팻말의 글을

읽어보니 고목들이 떠난 자리의 아쉬움을 위로하려는 조문처럼 들린다. 죽은 나무에 이런 큰 의미를 부여해도 태풍에 큰 나무들이 쓰러진 곳을 바라보면 마음이 쓰인다. 이런 조문의 글이 그렇게 위로가 되지는 않는 이상한 애정이 생긴다.

'키 큰 나무들이 사라진 곳에 햇살이 더 많이 내려와 어린 나무를 키운다'고 말하고 있다. 오랜 세월 숲속의 이야기를 만들어준 나무들에 곤충이나 버섯류가 자라거나 딱따구리들이 구멍을 뚫기도 한다고 한다.

그러다가 나무들이 땅으로 쓰러져 생명을 다한 곳에 지렁이도 딱정벌레도 균류와 버섯들도 쓰러진 나무 등걸에서 살게 된다고 한다. 다람쥐는 자신의 먹이가 되는 열매들을 감추기도 할 것이다. 그러나 이곳은 나무들의 도시처럼 나무 군들이 서로의 거리를 잘 유지하고 있음을 보게 된다.

키가 큰 나무와 작은 나무들이 서로 양보하며 자라는 숲길이 잘 조성되어 있어 햇살이 골고루 내려온다. 나무 사이로 다른 나무들이 보이고 산등성이 너머에 서 있는 나무들도 볼 수 있는 계획된 도시의 도로들처럼 나무들이 자란다.

'깃대종'

 만인산의 숲을 보호해야 할 중요성을 알게 되는 날에는 입산금지구역이 될 것이다. 그런 이유는 이 숲속에서 깃대종들이 깃들여 살고 있기 때문이다. '깃대종'이란 UNEP(국제연합환경계획)에서 생물 다양성 보전 방안으로 지역의 생태적, 지리적, 문화적 특성을 반영하는 상징적인 야생 생물이며, 그 중요성으로 보호가 필요한 생물종'들이다. 하늘다람쥐가 만인산, 보문산, 식장산에서 목격되었다고 한다.

 이끼도롱뇽은 2003년 최초로 발견되어 네이처지에 발표된 종으로 만인산, 장태산, 식장산 일대에서 발견되는 종이라고 한다. 감돌고기는 멸종 위기 야생생물 1급으로 우리나라에서만 발견된다는 고유종으로 유등천에서 발견된 매우 소중한 생명체들로 보고된 중요한 사실을 알 수 있다.

 이런 생명체들을 보호하기 위해서 사람들의 발걸음을 제한해야 할 것만 같다. 최근에 많은 숲 집이 12동이나 세워지고 산언덕으로 오르는 길이 있는데도 다시 양쪽 산속으로 데크 길이 길게 조성되어 가고 있다. 즐거운 마음으로 이 길의 작업을 지켜보는 과정이었지만 한편으로 소중한 생명체의 서식지임을 알고 보니 염려가 된다.

인간의 편리를 위해 이들의 환경 속으로 점점 걸어 들어가는 것만큼 이 어린 생명체들의 생존에 위험이 될 것 같다. 이 귀한 친구들이 점점 사라지고 사람들만이 남는다면 자연을 훼손한 범법자가 될 것 같다.

자연과 함께 서로의 질서를 유지하며 살아가는 길은 없을까? 이런 일을 사람들의 법으로 제한할 수 있다는 것은 너무 늦은 것만 같다. 법으로 다스린다는 것은 법이 없이는 자연과 어울릴 수 없는 쪽이 있다는 것이기 때문이다.

언제나 그렇듯이 반대자의 힘은 늘 막강하다. 자연의 일부가 되어 살아가는 자율의 몸과 마음이 되어야만이 가능할 것 같다. 이런 자유를 더 이상 잃지 않도록 자연을 존중하는 마음이 급하다. 인간도 자연의 일부임을 알고 교감하는 능력을 배울 수 있으면 좋겠다.

동물이 주는 교감

이 숲속에 사과 씨 같은 모양의 발을 가진 멧돼지가 살고 있다. 발가락이 다섯 개인 작은 곰 발바닥 같은 오소리도 살고 있다. 너구리의 발가락은 네 개인데 모양은 오소리와 비슷하다. 고라니의 발도 사과 두 쪽을 쪼갠 모양과 비슷하다. 이른 새벽 교회 앞마당에 나타났던 고라니의 눈망울은 지금도 생생하기만 하다.

엄마를 잃었는지 안개 속에 서 있는 새끼 고라니의 몸매는 사슴처럼 매끄럽고도 신비했다. 종종 고속도로에서 고라니의 사체를 발견할 때마다 그때의 느낌이 생각나서 맘이 아팠다. 고라니가 그 후에도 나를 찾아올 것만 같아 새벽에 마당에 나가고 싶어졌다.

동물과의 우연한 만남에서 공포감보다는 사랑스러움과 매력적인 생명의 교감은 세상에서 얻기 힘든 묘한 마음이었다. 족제비도 살고, 기다란 발가락 모양과 그 앞에 다시 점이 찍혀 있는 청개구리 발자국 같은 발 모양을 가진 청설모도 살고 있는 거대한 숲이다.

바위 위에 나무

여러 번 오가는 이 숲길에서 처음에는 건강을 위해 주변을 살피기보다는 걷기에만 집중했다. 산이 품은 생명체의 이야기가 들리지 않았다. 자주 오다 보니 아니 아무리 바빠도 달려오게 하는 무언가가 있는 것이다. 산이 내게 들려줄 이야기가 있고 내가 들어야 할 말이 있는 것이다.

늘 지나던 바위산 옆길인데 오늘따라 다시 산에 사는 나무들이 보인다. 멈추고 서서 사진을 찍어 본다. "뭐가 찍을 게 있어서 사진을 찍는 거지"라는 지나가는 분들의 말이 들린다. 그분들의 말이 맞기도 하다. 겨울나무들이 볼품없이 비틀리고 휘어진 채 서 있는 검은 돌들이 있는 산자락을 찍고 있기 때문이다. 그런데 나는 눈이 가고 마음이 가서 위로의 말을 건네며 찍어본다.

물 한 모금 나오지 않을 큰 암반 위에 소나무가 자라고 있다. 깜짝 놀라서 올려다보니 어떻게 뿌리를 내린 것인지 알 수 없는 소나무는 너무나 당당히 어른 나무로 생존하고 있다. 가까이 서 있는 나무들은 바위 위에 뿌리를 내리기 위해 검은 바위와 함께 1미터 이상 뿌리를 뻗어놓고 버티고 있다.

대부분의 나무들이 바위 위에서 심하게 휘어져 산책로인 도로를 향해 굽힌 채 바위 위에 매달려 있다. 자세히 보니 온 산이 흙이 보이지 않은 흑연이나 석탄이 나올 것 같은 검은 바위투성이다. 이 돌들 위에 소나무들이 멋지게 검은 솔방울을 낳아서 하늘을 향해 걸어두었다. 이 어려운 소나무의 생존을 바라보며 내 마음도 더욱 단단해져 가라는 말을 듣는다.

이곳에 생존하는 나무들은 하찮은 나무들이 없다. 붉은 소나무라고 불리는 서해안 안면도의 그 유명한 소나무인 홍송 종류도 있다. 뿌리를 내리지 못한 소나무들은 바위 위에 소나무의 엉덩이를 만들어 놓고 말았다. 돌 위에 기형적으로 자라나서 큰 엉덩이처럼 부풀어 오른 나무 기둥이 얹혀있다. 뿌리는 갈 곳을 잃고 이리저리 비틀려서 나무도 뿌리도 아닌 채 밖으로 드러나 있다.

뿌리가 나무를 엎고 서 있는 것처럼 서로 양보하며 자라고 있다. 소나무와 상수리나무가 한 바위 위에 뿌리를 내리고 말았다. 길을 찾지 못한 뿌리들이 실타래를 풀어놓은 듯이 바위 위에 소나무 뿌리 한 줄 상수리나무 뿌리 한 줄을 마치 방앗간에 떡가래 뽑듯이 뽑아놓았다. 이들의 생존을 보면 말을 잃고 가슴이 멍해진다.

가로수 특화거리

만인산으로 가는 길에 영화를 찍으면 좋은 가로수의 거리가 있다. 대전천의 발원지가 있는 만인산에서 내려오는 계곡물이 낭월동을 거쳐 시내로 달려가는 도로변에 열대우림처럼 서 있는 나무들이다. 겨울은 겨울대로 껍질이 벗겨진 하얀 몸을 드러내고 가지치기가 끝난 나무들이 단장을 하고 잠에 빠진 거리도 이쁘다. 하얀 기린들이 서 있듯이, 얼룩말이 서 있듯이 로마 사원의 대리석 기둥이 서 있듯이 이국적인 도로이다. 가을에 이 도로는 '시몬, 너는 좋으냐? 낙엽 밟는 소리가'라는 시가 저절로 떠올려지는 거리이다.

여름에 이 도로를 달리면 태양은 얼씬도 못하고 큰 잎사귀들이 서로의 손을 붙잡고 커다란 숲 동굴을 만들어 놓는다. 서로의 머리를 맞대고 동굴을 만든 덕분에 차로 달리는 기분은 참으로 상쾌하다. 이 끊없이 펼쳐진 가로수 특화거리는 플라타너스의 가로수 거리이다.

최근 들어 이 도로가 확장되고 상업지구가 들어서면서 절반이 잘려져 나갔다. 나무들이 베어지고 잘려 나갈 때면 가슴 한구석에 묘한 절임 같은 증상이 나타났다. 아무런 이유 없이 이런 증상이 생기는 것을 보면 나도 자연의 일부처럼 안타까워하고 있었던 것 같다. 가로수의 나무와 나는 아무 관계가 없는 줄 알았다.

그들이 사라지는 모습에 소들이 눈물을 흘리며 푸줏간에 끌려가는 느낌처럼 마음이 시려왔다. 무슨 이유인가? 큰 나무들이 포클레인에 넘어지고 잘리고 트럭에 실려 나가면서 죽는 모습을 보는 기분은 그렇게 좋지 않았다. 나무가 큰 전기 톱날에 잘리고 조각나서 토막이 쳐지는 모습은 그냥 싫었다.

 많은 나무들이 사라진 뒤에도 여전히 가로수 특화거리라는 이정표가 붙어 있다. 이 도로를 향해 만인산으로 오고 가는 길은 여전히 행복하다. 나무들이 내게 주는 이 행복은 무상으로 얻어지는 것들이다. 이런 귀한 마음을 이전에는 잘 알지 못했다.

 고마운 마음으로 구도로를 선택하여 이들이 주는 따뜻함으로 마음을 채우고자 방향을 돌린다. 고향 동네 어귀에 있었던 미루나무만큼 보고 싶다. 나무젓가락을 만들기 위해 비어져 나갔다던 미루나무들은 이제 흔히 볼 수가 없다. 그런데 그 나무들은 내 마음속에 여전히 서 있다. 뜨거운 여름날 미루나무 속에서의 매미의 노래가 지금도 마음속에서 들리는 것은 자연이 내게 준 무한한 축복이다.

수목원의 친구들

숲속의 정원

기온 이상의 지구는 지금까지 경험해 보지 못한 겨울을 맞이하며 서로의 안부를 묻게 된다. 일본은 지진과 추위와 코로나 등 겹치는 이중 삼중의 고난에 갇혀있다. 이 고난을 뚫고 나오는 고난 위기 대응으로 국가의 규모와 지혜를 보게 된다. 국민이 겪고 있는 고통을 국가가 신속히 대응하는 걸 보면 안심이 된다.

이런 고난 속에서 세계의 꽃과 나무들이 모여 사는 숲 정원의 이야기를 들었다. 일상에서도 지진이 나는 마음을 수목원으로 달려가서 대피시키고 싶었다. 그곳에 가려는 마음은 이미 부풀어 올라 몇 번이고 시도했지만, 시간의 감옥에 갇힌 듯 어려웠다. 틈새를 내어 달려가니 늦은 저녁 마감을 알리는 안내를 받았다.

그 유명하다는 유리온실로 입장한 곳은 국내 최초의 도심형 국립세종수목원이었다. 이곳의 목적은 녹색 문화 공간을 창출하여 정원에서 일상으로 누리게 하는 것이다. 국내 최대 규모의 유리온실과 K-가든의 세계화를 추구하는 한국 전통 정원까지 갖춘 곳이다. 자연을 국민 속으로 이끌어 가는 이 새로운 공간 속에 도착한 것만으로도 마음의 대피소에 온 기분이 든다.

열대 온실의 문을 향해 달려가니 영화의 장면이 펼쳐진 공간이 나타났다. 금방이라도 어디선가 타잔이 줄을 타고 내려올 분위기였다. 유리온실 안은 다채롭고도 높은 나무들로 울창했다. 인위적이나 폭포수도 흐르고 있었다. 난간 앞 호수 안에는 다양한 수련들이 모여있다. 긴 뿌리의 발들을 호수 안에 담그고 겨울을 즐긴다. 세계적인 수련들 앞에 붙은 이름표를 보면 수련국제학교에 들어온 것만 같다.

블루수련(Water Lily)과 푸른 별

촘촘히 수련의 얼굴들을 들여다보니 호수 위에 제각기의 얼굴을 씻고 웃고 있다. 블루엔젤, 블루아스타, 카펜타리아 수련(블루)의 이름들이 참 예쁘다. 블루칼라의 꽃은 보이지 않고 잎사귀만 둥글게 떠 있다. 이 블루의 수련꽃이 필 때가 되면 다시 와서 블루의 빛 속에서 푸른 별빛을 건져내고 싶다. 이런 빛에 눈을 마주하면 가슴이 푸른 강 속에서 또다시 유영을 하게 될 것이다.

평생에 무명화가로 자신의 귀를 잘라가며 고뇌와 씨름했던 고흐가 빚어놓은 빛을 마주하고 싶은 바램이다. 왜 이리 푸른빛을 먹고 싶어 하는지 내 가슴에게 묻고 싶다. 그리고 가슴이 원하는 대로 그 빛을 찾아 주고 싶다.

나의 눈마저 푸른빛이 될 수 있기를 바란다. 나의 눈이 보는 대로 마음의 눈에도 신선한 빛을 가지고 싶은지도 모르기 때문이다. 가슴이 묻는 대로 답을 찾아 주고 싶다.

아직 꽃이 지지 않은 화이트수와니를 보니 연꽃(Lotus)과 많이 닮아있다. 연꽃의 잎과 꽃이 크고 단순한 색상인 데 비해 수련은 작고 잎사귀도 무늬들이 있고 흰 꽃조차도 길쭉한 형태라서 작고 예쁘다. 핑크빛의 카펜타리아수련도 있다.

잎이 베고니아 무늬를 닮은 어트렉션, 잎이 작고 동그란데도 이름은 킹오브시암수련, 연잎처럼 넓고 갈색톤의 무늬를 가진 두앙티시완수련들도 있다. 수련들은 저마다 호수 위에 잎들 사이로 아주 작은 수많은 새끼 잎들을 아기자기 물 위에 낳아놓았다.

야자나무

영화의 한 장면처럼 야자나무 아래서 태양빛을 피해 숨바꼭질하는 연인들의 숨소리가 새소리처럼 들리는 야자숲이 있다. 야자나무의 색다른 열매며 꽃이며 몸매가 이렇게 다양한 것을 보면서 야자나무를 사랑하지 않을 수 없다.

야자나무가 내게 주는 것은 꿈도 아니고 깊은 묵상도 아니지만, 낮으로 인도하는 밝은 소리 같은 것을 느낄 수가 있다. 그의 시원시원한 몸매가 주는 이국적인 향취는 나로 감출 것이 없는 여름날의 바다에 뛰노는 소녀가 되게 한다.

야자나무 밑에서 열매를 올려다보며 그들의 특이한 이름을 불러 본다. 공기정화식물로 흔하게 키우는 가느다란 줄기의 야자나무의 이름이 아레카야자였다. 이제야 이름을 알게 되니 무심했던 게 미안하다.

쿠바대왕야자는 몸통의 크기와 색깔부터 황톳빛으로 눈이 부시다. 검색해 보니 크기만 해도 20~30m까지 자라며 34.5m까지 자란다. 아파트의 건물에 견줄 만한 야자수로 야자수계의 대왕인 셈이다. 씨앗을 통해 기름을 얻으며 가축의 사료가 되기도 한다. 잎사귀는 초가지붕이나 건축자재로 활용하는 목재가 되어 인간의 삶을 윤택하게 함을 알 수 있다. 뿌리는 이뇨제와 당뇨치료제로 사람의 병을 치료하는 걸 보면 나무 의사이다.

특별한 야자나무들

생선꼬리야자나무는 잎의 끝 부분이 생선 꼬리 모양 같아서 붙여진 것이라고 한다. 그보다 열매가 흑인들의 땋은 머리카락처럼 길게 늘어진 게 더 인상적이다. 곱슬거리는 머리카락을 붙잡아 매달려 놓은 것 같다. 나름 아프리카의 여성을 상징하는 아프리카야자나무로 기억해 두고 싶다.

성탄야자(Adonidia merrillii)나무도 필리핀야자나무로 크리스마스 시즌에 열매가 빨갛게 익는다고 해서 불린 이름이란다. 다른 야자들보다 주를 찬양하는 신성한 임무가 맡겨진 것 같아 성스럽다. 성탄절에 루터의 전나무 대신 성탄야자나무에 전구를 달아놓을 생각을 하니 벌써 특별한 나의 성탄이 그려진다.

아사이야자는 종려과의 식물로 브라질 북부 아마존 열대우림 지역에서 자라며 '생명의 열매'로 불린다. 이런 특별한 야자들은 인간을 위로하는 귀한 친구들이 분명하다.

립스틱야자(락카야자)는 붉은 색깔의 몸집이 화려해서 붙여진 것 같다. 여성들의 미를 가꾸는 이 나무의 특성으로 여성들의 사랑을 많이 받음직하다. 이전에는 붉은 봉랍야자(Red sealing wax palm)라는 이름으로도 불린 건 서양에서 16세기에 문서 봉투를 압인하는 데 쓰인 빨간 봉랍의 색과 같기 때문이라고 한다.

공작야자, 엘레강스야자, 지중해의 하와이 부채야자인 차마로프스며 워싱턴야자를 만날 수 있어서 야자수의 세계로 입문한 기분이다. 키나리야자 등 2,000종 이상을 총칭하는 다양성에 야자수의 바다라고 말해주고 싶다. 특이한 건 이 야자들의 숲속에 벨루티나바나나나무가 함께 어우러져 있다. 바나나나무의 조상을 만난 기분이 든다.

아름다운 이름의 고사리

양치류들이 야자나무 밑에 발등을 덮듯이 퍼져있는

길은 밀림 속에 들어온 것 같다. 낮은 곳에서도 이름을 빛내고 있는 토끼발고사리가 보인다. 고사리 친구들의 이름을 찾아서 불러본다. 다시마잎 크기만 한 아비스고사리, 가녀린 잎의 후마타넉줄고사리는 늘 흔히 볼 수 있는 종류이다.

잎 사이가 촘촘하고 화려한 보스턴고사리, 작은 은행잎 같은 아디안텀고사리가 사랑스럽다. 불규칙한 잎사귀를 가진 블루스타고사리는 장난꾸러기 같다. 하늘 하늘거리는 엷은 연두 잎의 푸데리스고사리는 귀족의 모습이다. 마치 침엽수 같은 얇고 가는 잎의 아스파라가스고사리들이 고사리의 세상을 수놓았다.

극락조화와 여인초

여인초와 닮아 있는 극락조화(bird of paradise)를 유리온실 안에서 만날 수 있었다. 이 꽃은 대부분 중요한 행사에 꽃 장식을 통해 만난 친구다. 처음에는 이 극락조화를 보고 인조로 만든 줄 알았다. 딱딱한 모양으로 꽃이라기보다는 새 모양을 닮은 장식용으로 보인 탓이다. 그런데 이 극락조화極樂鳥花가 조화造花가 아닌 생화生花라는 데 다시 놀라게 된다.

일반적으로 꽃이면 꺾이기 쉽고 부드러운 꽃잎을 연상하기 때문이다. 생화라는 걸 확인한 순간 아무나 볼 수 없는 진귀한 꽃이라는 생각에 사로잡힌다. 사람이 보아서는 안 될 것만 같았다. 신을 위해서 피어난 꽃으로 보이기 때문이다.

뾰족한 부리를 연상하는 날렵한 꽃잎들은 아름다운 빛과 함께 얼마나 고귀한지 넋을 잃고 바라보았던 것 같다. 새의 모양을 닮은 딱딱한 꽃잎은 창조주의 솜씨를 빛내고 우리의 눈을 만족시키고도 남는다. 이런 극락조화는 1.5~2m까지 자라는 특성상 사람의 눈높이로 마주한다.

전설의 꽃이기도 한 이 극락조화의 사연을 들으면 분명히 에덴의 흔적이 남아있는 것만 같다. 사람들의 욕심으로 이 극락조의 아름다운 깃털을 얻으려고 포획한다. 그 과정에서 다리가 잘려서 땅에 서지 못하고 죽어 꽃이 되었다는 설이 있다.

극락조와 같은 화려하고 아름다운 새들이 인간의 발길이 잘 닿지 않는 곳에 살고 있는 다큐를 본 적이 있다. 너무나도 아름다운 새라서 눈으로 감상하고 말로 표현하기 어려울 정도였다. 신은 인간의 탐욕을 피해 깊은 밀림 속에 숨겨 두고 신성시하는 아프리카인들의 주변에 남겨 놓은 것 같다. 이들이 어디서 날아왔을까? 이런 아름다운 새들은 어느 하늘에서 왔을까? 보기만 해도 행복하고 신비하고 황홀해진다.

공작새나 봉황새로도 비교할 수 없는 조류들이 있다는 것이 놀라웠다. 기회가 된다면 이들을 만나는 특별한 여행이 필요할 것이다. 그들은 쉽게 보이지 않기 때문이다. 아마도 천상의 세계가 열린다면 이러한 신묘막측한 새들을 볼 수 있을 것 같다. 아마도 에덴이 폐쇄될 때 동산으로 복귀하지 못한 천상의 새들이 아직도 그 나라를 노래하며 지상에 남아 주인을 기다리는지도 모를 일이다.

전설처럼 아름다운 깃털의 극락조가 죽어 꽃이 되어 극락조화가 되었다는 이야기는 사실처럼 들린다. 그렇지 않고는 이 아름다운 꽃을 설명할 수가 없지 않은가? 깃털을 빼앗긴 극락조는 날 수가 없게 되어 키가 큰 나무의 잎사귀 사이에 숨은 채 머리만 내놓고 꽃이 되어 살고 있다고 이야기를 만들어보고 싶어진다.

이 극락조화와 여인초(Traveler's tree)의 차이를 알기란 너무 어렵다. 여인초는 12m로 자라기 때문에 처음 본 순간은 누구든지 그 수려한 몸매에 자신의 몸을 누이고 싶은 마음이 든다. 넓고 큰 잎을 가진 모양은 장대우산을 꽂아 둔 것처럼 자란다. 한 장의 잎사귀가 가지에 돌돌 말려 자라다가 펼쳐지면 윤기 나는 잎이 걸린다.

여행자의 나무라고 불리우는 여인초旅人草는 처음엔 어리석게도 여자의 나무라고 생각했었다. 큰 키에 매료되고 잎을 바라보며 올려다보며 사랑스런 반려식물이 되었다, 새끼를 치고 큰 잎 손을 말고 있다가 나를 안아주듯 펴기를 기다리는 동안 설렘을 주는 친구였다.

향기로운 꽃

일랑일랑의 꽃은 털실을 헝클어트린 모습을 하고 있다. 아름답기보다는 노랑 호박꽃을 갈라놓은 듯이 보인다. 이 평범한 꽃은 자신을 사랑하도록 짙은 향기를 가지고 있다. '꽃 중의 꽃'으로 불리는 건 아마도 이 꽃이 가지고 있는 향기 때문일 것 같다. 이 꽃으로부터 세계적으로 유명한 향수인 샤넬 No.5 가 탄생했다는 것이 놀랍다.

여행 중에 이 향기를 뿌리고 다니면 마음의 평안함을 주고 피로감을 씻어주곤 했다. 이 향기는 사람들을 향해 퍼져나가기보다 내 마음속으로 들어와 마음을 씻어주는 묘한 향기였는데 바로 일랑일랑의 향기였다. 에센셜 오일이나 입욕제로도 사랑을 받고 있다는 것만 해도 '꽃 중의 꽃'으로 추대받을 만하다.

몸집이 그리 크지 않으면서도 눈길이 가는 풀 종류마다 독특한 꽃이 피기 때문인 것 같다. 인간의 삶도 다 고귀함이 부여된 것이다. 평생 남을 원망하고 한숨만 쉬고 불평의 가시만을 남기는 일만은 안 했으면 좋겠다.

자신의 주어진 환경에서 견디어 살다 보면 다 주목받고 사랑받을 일이 생기기 마련 아닌가! 작은 풀조차 자신의 향기를 품어내듯 인간의 생명을 사랑의 꽃으로 피울 수 있다면 좋겠다.

새우풀 꽃

새우풀은 꽃이 깨송이처럼 주머니 모양으로 길게 포개어진 모습이 정말 새우 같다. 꽃잎 끝이 흰색으로 길게 나온 모습도 새우 수염처럼 귀엽다. 바로 옆에 또 다른 노란 새우 꽃이 피어있는데 이름은 파키스타키스 루테아(Pachystachys lutea)이다. 이 식물의 이름은 길어서 외우기 어렵다.

이름을 분석해 보면 꽃이 노랑색이라서 '노랑색새우

풀', '금새우풀'로 불린다. 긴 이름이라 외우기 어려운데 '루테아(Lutea)는 노란색을 의미하는 라틴어(Lutum)에서 유래'한 사연을 따라 학명의 이름으로 기억해야겠다. 이 어여쁜 새우풀 꽃의 특징은 빨간색으로 일 년 내내 꽃을 피운다. 겨울도 꽃을 피워 사랑을 늘 받고 기쁨을 나눠주니 너그러운 꽃으로 태어난 것 같다.

노란새우풀은 사실 노란색이 깨송이 모양의 꽃받침이다. 진짜 꽃은 금색의 화려한 새우 등 같은 꽃받침의 포자 사이에서 흰 줄기처럼 얼굴만 밖으로 늘어져 있다. 꽃받침이 더욱 이쁘고 크다 보니 금새우풀로 명명한 것 같다.

영어 이름도 골든 쉬림프 플랜트(Golden Shrimp Plant), 롤리팝 플랜트(Lollipop Plant)라는 이름으로 꽃받침이 대우를 받는다. 흰색의 꽃은 노란 꽃받침의 정교함과 어여쁨을 따라갈 수가 없다. 자신의 부실함을 보완해 주는 꽃받침에게 이름도 빌려주고 함께 공존하는 착한 꽃송이들이다.

천사의 나팔꽃

천사의 나팔꽃은 등나무같이 휘어지고 늘어져서 호박꽃만 한 얼굴을 땅 아래로 숙여서 풍성하게 피어있다.

이 온실 안에서 그 화려함과 크기만 해도 장관을 이루고 있다. 어린아이 장난감 같은 나팔 모양이라서 그런 이름을 얻게 된 것 같다.

고개를 숙여서 얼굴을 들여다보며 관심을 가져본다. 많은 사람들이 이 천사의 나팔꽃을 반려식물로 사랑하고 가꾸고 있다. 이 나팔꽃에서 천사의 음악 소리를 듣기를 바란다.

선인장 꽃 같은 횃불생강꽃의 매력이나, 하와이부채야자의 초록의 잎사귀들의 멋짐이나 칼리안드라 해마토케팔라의 꽃들을 감상하기엔 시간이 너무 모자랐다. 꼭 다시 오기로 눈인사를 하고 지나쳐야만 했다.

베고니아(Begonia)

잎사귀가 엽서 같은 베고니아의 모든 종류를 만났다. 유럽의 그림엽서 같은 잎사귀들이 꽃보다 아름답게 눈에 들어온다. 베고니아를 보면 수줍은 소녀가 써 내려간 편지 냄새 같은 글이 보인다. 사랑스러운 글을 써 놓은 한 장 한 장의 잎사귀에 귀를 기울이며 들여다보면 이미 마음이 글을 읽은 느낌이 든다.

마큘라타 베고니아는 가장 키가 크고 잎사귀도 사연

많은 편지지같이 넓다. 잎사귀마다 흰 점의 글씨가 점점이 찍혀있다. 조롱조롱 꽃송이들이 매달려 화려함을 더한다. 줄기를 잘 잡아주면 오이넝쿨처럼 뻗어가며 아름다운 송이로 꽃을 피워낸다. 아끼던 이 꽃이 다른 베고니아들과 어우러져 있으니 반갑다.

초록 엽서 같은 위드라쿠치 베고니아의 잎사귀에 쓰인 글을 읽어보고 싶도록 아름답다. 이렌자야 베고니아도 꽃과 잎사귀가 너무 다 꽃처럼 예쁘기만 하다. 이 어여쁜 베고니아를 다 볼 수 있다니 베고니아의 천국에 온 것 같다. 이 꽃들을 집안 가득 피워보고 싶은 소망이 뜨거워진다.

작은 엽서 같은 새틴재즈 베고니아, 백지 엽서 같은 하타코아실버 베고니아, 별 모양 엽서를 어린 왕자에게 보낸 것 같은 마필 베고니아도 있다. 블랙프로스트 베고니아의 검정 잎사귀에서 비장한 각오로 써 내려간 엄숙함을 본다.

올드블루 베고니아의 잎사귀에 적힌 시를 읽듯이 바라본다. 소라뿔처럼 잎사귀가 말려있는 초콜릿크림 베고니아의 신비함은 다 읽어볼 수 있을지 가슴이 벅차다. 미라지 베고니아의 은색 빛의 은은한 미소도 마주하였다.

작은 잎들에 글을 써놓은 듯 아기자기한 베고니아의 나라에 세계 일주를 다녀온 기분이다. 수천 종에 이른다는 이들의 세계가 궁금해진다. 잎들이 꽃보다 아름다운 건 잎사귀에 쓰인 시를 읽고 싶은 마음이 들어서이다. 잎에 쓰인 시를 읽기 위해 나는 다시 베고니아에게 갈 것이다.

3부
풀의 숲

빛의 질서
봄의 찬가
봄의 언덕에 쓰인 편지
동해바다

빛의 질서

서울의 거리

서울은 아버지의 손을 잡고 공부하려고 배 타고 상경한 도시이다. 아마도 4학년 1학기를 마친 때라고 생각을 하고 살았다. 그러나 사진을 보면 털옷을 입고 그 옆에 양복을 입은 멋진 아버지가 계신다. 봄 학기 같기도 하고 정확한 기억을 이제는 알 수가 없다.

오빠는 의형제를 맺으신 분의 집에 중학교 유학을 위해 1년 전에 먼저 올라갔다. 어머니가 와서 집을 구하기 전에 나도 이 집에서 머물게 되었다. 그분은 잘사는 사업가로, 일본식 구조의 집과 서양식 아침 토스트를 처음 접한 서울살이였다.

원효로에서 세를 들어 잠시 살다가 서울 효창동으로 이사를 했다. 한옥 집들이 둘러싸인 고즈넉한 동네 가까운 거리에 효창운동장이 있었다. 숙명여대의 언덕을 내려오면 운동장의 넓은 오르막길은 자전거를 타는 놀이터가 되었다. 초등학교 때 이곳에서 처음 자전거를 배우기 시작했다. 친구들이 우리 집으로 모여오거나 함께 학교를 가기 위해 걸어 다녔던 서울의 거리이다. 초등학교는 걸어서 주로 다녔지만 중학교는 버스로 다녀야 할 거리였다.

그러나 친구들은 버스표를 아끼기 위해 4킬로나 되는 중학교를 걸어 다니곤 했다. 친구들과 함께 도보로 학교를 가는 길은 용산시장을 거치게 된다. 기찻길 아래 어두운 굴다리를 지날 때는 기분이 좋지 않았다. 친구들이 선택한 길이라서 참고 다녔던 길들이 이제는 추억의 도로가 되었다. 하굣길에도 친구들은 굳이 복잡한 용산시장을 거쳐서 집으로 오는 걸 좋아했다. 나의 기분과는 상관없이 친구들의 의사를 존중하여 주로 함께했던 거리들이다.

빛의 거리
고등학교는 광화문에 있는 경기여고에 다니게 되어 주로 버스를 이용했다. 학교가 끝나면 매콤한 비빔국수로 간식을 먹던 문구점은 행복을 주는 거리들이었다. 큰 도로변 한편에 마음을 앗아간 작은 소품 가게가 있었다. 학교가 끝나면 집에 가기 전 내 발걸음은 그 가게 앞에 으레 멈추곤 했다.

작은 상자 하나에 마음을 빼앗겨 수개월 동안 유리문 밖에 한참이나 서 있었다. 빈약한 내 주머니 사정으로 그때의 그 방황하던 거리들은 유독 빛이 났다. 용돈을 모아 어렵게 구한 그 보물은 아직 내 손을 떠나지 않고 있다. 빛나는 서울의 거리에서 구입한 그 상자의 가치는 마음의 승리였다.

가을이 되면 덕수궁 뒷담길을 걸어서 집으로 오곤 했었다. 미국 대사관을 지나 이 길을 걸어 나오면 마주치는 사람마다 말을 걸고 싶은 친근함이 생겼다. 어느 날은 군인이 연인으로 보이는 사람을 보고 우리도 그들처럼 가슴이 뛰었다. 누가 먼저라고 할 것도 없이 친구와 동시에 각자의 물건을 선물로 주며 축복하였다.

덕수궁 돌담길을 걷노라면 따뜻함이 밀려와 마음에 빛이 비추이는 거리였다. 대학입시를 위해 도서관의 불이 꺼지기까지 밤이 늦도록 공부를 했다. 끝까지 경쟁하던 두서너 명이 도서관을 나오면 하늘에 별이 머리 위로 쏟아져 내리던 빛나는 길이었다.

서울의 거리를 한참이나 잊고 있다가 '문학인의 행사' 차 올라간 김에 하루를 묵었다. 숙소를 여의도 국회의사당 쪽에 겨우 얻은 후 더현대백화점으로 향했다. 리처드 로저스(Richard Rogers)의 기둥 없는 대공간 건축이 궁금했다. 천정으로부터 빛이 들어오게 하여 실내를 화원으로 가꾼 곳에 들르고 싶었다.

과연 명품들이 입구부터 화려하게 장식이 되어 넓은 공간은 마치 기념관에 들어온 기분이 들었다. 5층에 오르니 정원이 들어선 뜻밖의 건물 구조에 놀라웠다. 명품을 파는 곳에 쉼과 여유를 누리는 공간을 배치한 것은 경제 원리에 맞지 않는 일이다. 그러나 지친 현대인에게 자연을 건물 안으로 끌어옴으로 도시에 빛의 매력을 추가한 것이다.

저녁을 먹고 나니 벌써 서울에 밤이 찾아왔다. 화려한 명소 주변으로 건물마다 조명이 밝혀지니 별들처럼 빛이 났다. 서울의 밤거리는 굳이 네온의 불빛이 아니더라도 높은 빌딩 안에서 나오는 빛이 찬란히 빛났다. 건물 구조의 아름다움이 밤이 되어 불을 밝히니, 그 빛은 너무나도 화려했다.

채도 높은 유럽의 건물에 비해 서울의 낮은 회색의 농도가 짙은 도시이다. 밤이 되자 그 어느 나라의 도시보다 화려하고 아름답게 빛이 났다. 이런 조국에 산다는 것이 갑자기 자랑스러워진 서울의 밤거리였다.

역사의 빛

택시를 타고 숙소로 오는 거리마다 불을 밝힌 건물들은 별보다 아름다웠다. 어떻게 건물이 별보다 아름다울 수 있을까? 말도 안 되는 소리인데 오랜만에 온 서울의 거리는 다른 도시가 되어 버렸다. 주로 외국의 거리를 누비면서 화려한 칼라의 중세 유럽 도시들이 아름답다고 생각했었다. 회색빛의 서울 건물과 유리 형태의 새로운 건물 구조에도 아름다움을 보지 못했다.

그런데 갑자기 회색의 건물들이 밤이 되어 불을 밝히니 어느 도시에서도 볼 수 없는 형태로 탈바꿈을 한 것이다. 밤이 되면 성스러운 유럽의 성당도 빛을 잃는데 서울의 밤은 색달랐다. 밤이 찾아오면서 서울의 거리에는 성스러움이 더해졌다. 빌딩에서 나오는 빛은 성숙함과 열정의 열매였다.

방에 들어와 창문을 열어보니 불을 밝힌 건물들이 화

려한 불빛으로 수놓아져 있다. 숙소로 정한 국회의사당 앞 검은빛 건물 안으로도 건너편 불빛이 들어왔다. 늦은 시간까지 무슨 업무들을 처리하는지 놀라지 않을 수 없었다. 초고층의 빌딩 창문마다 불이 켜져 있었다. 그 빛은 주변을 밝히고 나의 숙소에도 따뜻한 빛을 보내고 있었다. 빛이 말을 건네듯 새어 나오는 불빛을 바라보며 잠이 들 수가 없었다. 미래학자인 앨빈 토플러는 밤에 우리나라 고속도로를 달리는 꼬리에 꼬리를 문 차량 빛에 놀랐었다. 지금 이 빛을 본다면 부의 물결의 책을 무어라 수정할지 미소가 지어진다.

이틀 후에 서울의 거리로 학생들의 체험학습을 핑계 삼아 다시 서울로 올라왔다. 청와대로 가기 위해 광화문 입구에서 사진을 찍고 경복궁 담길을 따라 걸었다. 한복을 입은 외국인들이 너무나도 잘 어울리는 게 신기한데, 그들이 걷는 길이 빛이 났다.

청와대를 화면으로만 보다가 직접 와보니 다들 감격스럽다고 전한다. 집무실과 접견실을 거쳐 붉은 양탄자가 깔린 2층으로 올라가는 벽면에 우리나라 지도가 맞이해 주었다. 인수당이라는 관저를 돌아 나오니, 노거수 군 팻말 앞에 이르렀다. 청와대 역사의 빛 앞에 서니 중국

천안문에서 흘린 눈물이 다시는 흐르지 않을 평안이 임했다.

다음 장소인 용산 전쟁기념관에 이르러 역사의 고난을 마주해야 했다. 맥아더 장군의 인천상륙작전의 성공 앞에서 그의 결단의 순간에 서늘해진다. 우리나라의 운명이 밤에서 새벽으로 갈 수 있었던 결정적인 시간의 빛이 있었던 것이다. 무엇보다 71명의 학도병이 포항여중의 후방 지휘소를 지켜낸 내용이 눈물겹다. 47명의 전사로 포항시민과 사단의 철수할 길이 되어준 것이다. 흥남부두 철수작전 앞에서 다시 감격의 뜨거운 눈물이 났다. 생명을 사랑한 희생의 빛들이 오늘 우리를 이끌어 왔음에 가슴이 뜨거워진다. 그리고 123층의 롯데타워 위에서 서울을 밝힌 빛들의 소리와 외침을 보았다.

맛의 빛

호텔의 조식을 거른 채 한 신문사의 약속 시간에 맞춰 지인들과 헤어졌다. 일행들은 내가 볼일을 보는 동안 서울 구경을 하기로 했다. 그들이 선택한 곳인 가까운 한강 주변에서 유람선을 탈 예정이었다. 막상 한강에 도착해서는 자전거만 타고 주변을 맴돌다가 추위와 배고

픔에 중단했다. 편의점에 들어가 라면과 떡볶이와 몸을 녹일 어묵이 간단한 점심의 전부였다. 어렵게 올라온 서울인데 멋진 식당에서 한강을 내려다보며 즐겨야 될 식사를 놓치고 말았다.

일행이 오후 4시 문학상 시상식에 합류할 때까지 한강의 즐거움에 빠진 줄 알았다. 내가 맡은 설교 순서와 시상자를 위한 축사의 시간들이 아름답게 채워졌다. 저녁이 제공되어 식당에 들어가려니 된장국 냄새가 식욕 대신 마음을 자극했다. 서울에서의 저녁은 도시스러운 저녁식사를 생각했었다. 그런데 그만 된장국 냄새에 먹고 싶은 것을 잊어버릴 만큼 마음속으로 냄새가 빛처럼 비쳤다. 비좁은 공간에 50여 명이 둘러앉은 식탁엔 옛날의 좋은 냄새가 가득했다. 서울형 식사에 대한 아쉬움이 남아 버렸다.

3호선 지하철을 내려 2호선 역으로 가는 길에 붕어빵 가게가 있었다. 서울을 닮은 붕어빵은 다양한 앙금으로 채워져 있었다. 황금잉어빵이나 살이 도톰한 지방의 팥 앙금 붕어빵과는 다른 느낌이 들었다. 생김새부터 납작하고 맨들거리고 조그마한데 여러 종류의 앙금이 들어 있다. 치즈, 딸기, 팥, 슈크림 등 몇 종류의 서울의 붕어빵을 샀다. 일행들과 함께 기대감을 가지고 먹었던 서울의 붕어빵은 그냥 예뻤다. 서울의 맛은 다양한 것으로 충분하나, 그 맛의 빛은 따로 있는 듯하다.

서울의 맛을 알아볼 기회는 이틀 후에 다시 찾아왔다. 예약한 한정식집으로 들어가는 골목길은 옛 시간이 멈춰선 듯했다. 오래된 한옥 건물 안에서 식사를 하니, 서울이 우리를 손님으로 대접하는 것 같았다. 같은 한정식인데 장소와 그릇에 따라 음식의 맛과 느낌이 달랐다. 볼거리들을 찾아다녔던 서울의 거리를 걷고 뛰는 동안 금방 허기를 느꼈다.

어렵게 저녁 메뉴를 검색한 곳에 도착하니, 예약을 하지 않아서 먹을 수가 없었다. 롯데타워에서 겨우 식당을 정하니, 여기도 모두 모바일 주문과 대기를 걸어야 했다. 서울형 식사와 생활은 예약을 해야만이 그 맛을 즐길 수가 있음을 실감했다. 서울형 식사에 맛이 빛이 되는 건 축복처럼 찾아오는 것이었다.

글의 빛

문인들은 글을 낳는 여정을 위해 일생을 걸어가는 사람들일 것이다. 요즘은 문인들의 작품이 도착할 때면 잠들려는 내 영혼이 흔들린다. 수많은 작가들의 삶 속에 어느덧 나의 발걸음도 포개어지고 말았다. 수필가라는 이름으로 20여 년간 막연히 살아온 날들이었다. 가끔씩 글을 써온 작은 걸음이 문인들의 체온이 느껴지는 방으로 깊이 들어왔다. 문학계에 몸을 담아 평생을 문학인의 사명감으로 살아온 시인님의 권유로 시작된 걸음이었다. 가끔씩 예술인들의 우연한 만남이 길이 되어 버렸다.

요리사는 식재료를 보는 순간 음식이 생각나고 대접할 사람이 보일 것이다. 화가는 사물 속에서 그림 그릴 소재가 떠오르는 순간 작품이 나올 것이다. 문인들 또한 일상을 관찰한 생각과 마음들이 모아져 생명의 글을 만나는 것이다. 나도 살아 있는 따뜻한 글에 생명의 소리를 불어넣고 싶어진다. 이런 기회를 만들고자 책상에 앉아서 글이 흘러나오기를 바라며 마음을 씻는다. 누에가 뿜어내는 명주실처럼 마음속에서 고운 글들을 낳고 싶은 소망들이 나를 깨우는 계절을 기다린다.

한국기독교문인협회에서 주는 한국기독교문학상 시상식 설교 부탁을 받고 글에 대한 예절을 생각했다, 사랑의 성향은 무례히 행하지 않는다는 성경 말씀이 떠올랐다. 사랑의 생명은 예절을 알고 있어야 된다는 의미이다.

그렇다면 문인들은 글의 예절을 지켜야 할 사람들이다. 글은 말이 되고 말도 글이 되어 누군가를 만난다. 말에는 다양한 음성과 어조로 그 의사를 전달한다. 문학인의 글 속에는 사랑의 음성과 어조의 예절이 있어야 한다. 이러한 예절을 천국의 예절이라고 명하고 싶다. 문인들이 써나가는 글에는 사랑의 음성이 들려야만 하고, 평안을 주는 율동이 있어야 할 것이다.

글에도 음성과 율동이 있게 할 때, 천국의 질서를 세우게 될 것이다. 시인들은 일상에서 작은 진주알을 찾듯이 언어들을 찾아 빛이 되게 한다. 수필가도 여러 소재의 글을 통해 편지를 쓰듯 마음에 양식을 쌓아준다. 소설가는 상상할 수 없을 만큼의 인생을 펼쳐 보인다. 문인이 살아가는 길을 통해 서로의 마음을 소통하는 법을 알게 된다면 좋겠다.

좋은 글을 쓰는 길은 그가 살아가는 삶에서 얻어지는 열매와 같은 것이다. 글 쓰는 이의 체험과 사상이 미치는 영향을 뛰어넘어, 새로운 질서를 세우는 힘이 글에 있다. 이러한 글의 힘을 알게 된다면 그 책임은 막중한 것이다.

공동체의 빛

내가 글을 쓴다는 것은 일기로부터 시작된 일이었다. 대부분 이러한 일들은 어려서부터 시작한 일이다. 처음엔 그림일기로 시작하나 이 글에도 독자가 있기 마련이다. 잠든 사이에 부모님이 몰래 읽거나 담임선생님이 바로 그 대상이다. 때로는 친구들 앞에서 읽히는 베스트셀러 같은 분위기를 타기도 한다. 내게 글을 쓴다는 것은 감추어둔 이야기를 나누고 싶은 발로였다. 중학교에 입학하니 교내에서 발간한 문학지가 있어서 고향의 아름다움과 그리움을 발표한 것이 시작이었다.

글을 읽는다는 것이 누구나 흥미 있는 학창 시절의 취미 같은 것이었다. 글을 쓴다는 특별한 훈련이나 자각 없이 살아오면서, 한 작가의 글의 가치를 듣게 되었다. 황금찬 선생님께서 그분의 글을 높이 평가하셨다고 한다. 그분의 가문은 조부님부터 훌륭한 한시조의 대가셨다고 한다.

아버지도 그와 같은 문인의 재능을 타고나셔서 문학지에 글을 발표한 분이셨다. 슬하에 두 분의 아드님이 일찍 문학인이 되어 있었다. 최근 형님이 작고하시면서 유품을 정리하시다가 고문서를 발견하셨다. 그건 바로 아버님이 생전에 발표하셨던 문학잡지가 들어있던 보물이었다.

그 안에는 어머니가 읽으셨던 조선시대부터 전해오던 『박씨전』이라는 책도 나왔다. 여러 권의 가치 있는 고문서를 발견한 기쁨과 회한을 털어놓으셨다. 문학인의 길을 먼저 걸어온 형님의 이야기를 담담히 꺼내놓으셨다. 동생이면서도 형님같이 살아온 시인의 이야기를 듣노라면 작가의 글은 그의 인생관에서 흘러나온다는 걸 알게 된다. 굳이 나의 스승님을 자청하면서 늘 좋은 말들을 들려주었건만 귀담아듣지 않은 것이 미안해졌다.

일가친척의 대소사를 다 챙겨가면서 사회적으로도 막중한 삶을 살아오고 있다. 그런 분의 삶이 이제야 시의 소중한 자산이었음이 보이기 시작한다. 그러한 삶에서 나온 글이었기에 황금찬 선생님으로부터 칭찬을 받을 수 있었을 것이다. "형의 글은 자신의 이야기만 있지만 자네의 글에는 공동체가 있네"라고 하셨단다. 글의 가치가 무엇인가를 듣게 되는 순간이었다. 나의 글도 이런 역사, 공동체의 빛을 발할 수 있을까라는 침묵에 잠기게 했다.

봄의 찬가

청계천의 신선

 봄은 낮은 땅에서부터 나와 온 산천이 기지개를 피게 한다. 자주 가던 산에 오르니 사방댐이 겨울잠에서 깨어나 있다. 온갖 먼지들을 살며시 가라앉히고 짙은 녹색의 물은 하늘도 품고 있다. 눈이 내린 한겨울 얼어붙은 물은 노루와 멧돼지들의 놀이터가 되기도 했다. 발자국 소리에 고기들은 꿈을 꾸듯 잠을 설치는 동안 겨울이 사라졌다. 살얼음이 몇 번씩 얼었다가 녹으면서 물결은 조용히 봄을 맞이하고 있다.

 봄바람의 빗질로 얼음을 쓸어내니 물결 위에 주름이 잡혀있다. 바닷가에 파도가 모래를 빗질하면 모래 위에도 고운 주름들이 생긴다. 산언덕에 농부들이 쟁기와 곡괭이로 씨앗을 뿌릴 골을 파면 흙에도 주름이 진다. 멀리서 바라보는 고랑의 결을 따라 땅에 파인 주름골들이 생명 띠처럼 아름다울 봄이다.

시냇물이 흐르는 계곡마다 햇살이 함께 쏟아져 내려온다. 물결 위를 달리는 햇살의 수많은 눈빛이 반짝이는 모습은 황홀하다. 햇빛이 물줄기를 따라 미끄럼을 타다가 강으로 흘러가서는 수영을 한다. 햇살은 하루 종일 물결 위를 달리며 보석처럼 반짝인다. 고기만 물을 좋아하는 것이 아니다. 아이들도 어른들도 햇빛도 일찌감치 물결 위를 서성인다. 햇살이 놀다 간 자리에 깊은 밤이 찾아오면 달빛이 찾아온다. 강물은 봄이 좋은 것이다. 바다도 봄의 친구가 좋은 것이다. 햇살이 간지럼을 피고 놀다 가고 달빛은 내려와 밤새 토닥여준다.

청계천에도 이른 봄이 오는 날 가녀린 비가 내리고 있었다. 청둥오리 부부와 숭어 가족이 봄 마중 나온 듯 느릿느릿 강 속을 거닌다. 머리에 길고 흰 깃털을 달고 온몸이 새하얀 새가 비를 맞으며 바위에 앉아 있다. 회색의 하늘과 비 내리는 저녁 무렵 청계천에서 만난 새는 신선 같다. 이러한 새를 볼 수 있는 서울은 신비롭기만 하다. 실버들은 아직 눈을 뜨지 않았지만 비를 맞으며 봄이 오고 있음을 아는 것 같다. 봄비가 내리는 저녁 무렵 청계천에 오고 가는 사람들의 발걸음은 뜸했지만 뜻밖에 봄을 만났다. 청계천에 흐르는 물은 먼바다로 흘러가며 봄노래를 부른다.

내가 강을 보지만 강이 나를 바라보며 달래어 준다. 이 계곡을 지나 바다로 함께 가자고 달래어 준다. 외국인들이 청계천에 내려와 사진을 찍고 그들의 추억을 담아 간다. 수많은 이야기가 청계천에 담겨져 바다로 흘러간다. 연인의 이야기들과 고통스러운 이야기들이, 때론 눈물이 되어 함께 흘러간다. 사람들은 강을 찾아와 자신의 감정을 물 위로 띄워 보낸다. 시냇물들이 모아질 때면 더 큰 소리로 부딪치고 즐거운 소리가 난다. 작은 물방울들은 바다로 가서 바람을 만나 거대한 파도가 될 때 자신의 위대함을 발견하는 봄의 시작이다.

광장시장

사람들 사이에 유명한 서울의 최초 최대 재래시장이 있는 종로에 가고 싶었다. 특별히 외국인들 사이에 관광지로 알려지면서 너도나도 발길이 닿는 곳이 되었다. 무엇보다도 먹거리가 풍성하다고 알려지면서 소소한 음식을 먹고 싶었다. 집 근처에서도 늘 먹을 수 있는 순대며

떡볶이가 유독 맛이 있다는 사실이 궁금했다. 저녁 약속이 있었지만 3시간 정도 여유가 있어서 드디어 광장시장에 가게 되었다. 화면으로 보던 그 유명한 광장시장이 다들 좋다고 하니 정말 흥분이 되었다. 나도 일반적이고 객관적인 사실이 익숙해져 가는 나이가 된 이유인지도 모른다.

좌판이나 작은 공간 안에서 저렇게 자유롭게 모든 것을 만들 수 있을까? 그것이 내겐 너무 놀라웠다. 푸짐한 음식거리들을 내놓고 작은 공간에서 팔고 있었다. 다 금방이라도 먹고 싶을 만큼 식욕을 자극했다. 그중에서도 모듬회를 파는 책상 하나 정도 놓인 공간에 자리를 잡았다. 작은 어항 크기만 한 곳에 큰 소라 알맹이와 여러 횟감을 진열하고 있으니 더 먹음직스럽다. 참 신기한 일이 큰 수족관에서 놀고 있는 생선들보다 작은 유리장 안에 이미 떠져 있는 횟감들이 더 입맛을 돋우었다. 3인이 모듬회 한 접시를 시키고 녹두전도 추가했다.

옆집에서 통통한 순대 한 접시도 사다 놓았다. 서울 광장시장의 순대는 오히려 시골스러울 만큼 큼직한 게 오징어순대만 해 보였다. 추가로 시킨 음식만 해도 떡볶이에 오뎅까지 분식 삼총사를 다 시켜놓았다. 상추랑,

깻잎도 보랏빛 추부깻잎이며, 초고추장과 겨자간장 등 모든 걸 다 챙겨주셨다. 신기한 건 큰 책상 하나만 한 공간에 회와 분식 등을 다 준비하고 팔고 있다는 것이다. 작은 접시들과 쟁반이며 양념들을 빼곡히 진열하고 한편에서는 설거지하는 공간이 보인다. 매우 협소한 공간 한편엔 떡볶이가 끓고 있고 더 작은 팬 위에는 오뎅이 끓고 있다. 주인아주머니는 실상 앉을 자리도 없이 서서 일하는 공간이었다.

아마도 손님이 뜸하면 긴 나무의자에 잠시 앉아 있을 듯했다. 슬며시 장갑을 벗고 손가락 마디마디가 휘어진 손을 보여주신다. 가장 유명한 튀김집에서 일하다가 부상 당한 손이라며 자랑삼아 한탄 삼아 보여주신다. 그 후로 튀김집을 떠나 이 작은 가게를 하게 되었다고 한다. 친근한 아주머니는 광장시장에 들른 낯선 우리에게 정을 나눠주니 마음의 음식처럼 따뜻했다. 바가지요금 등 여러 말을 들었지만 그날 광장시장에서의 체험은 살가운 아주머니의 이야기며 작은 공간에서의 삶에 큰 감동을 받았을 뿐이다. 다시 가면 그 아주머니의 공간에 찾아가서 튀김도 사 먹고, 회도 다시 맛보고 아주머니의 정도 다시 맛볼 생각이다.

광장시장의 사방을 다 돌아다닐 생각에 좌우를 돌며 살펴보니 맛집들이 많았다. 긴 의자 위에 서로 앉아서 음식을 시킬 수 있도록 얼굴 정면에 비빔밥에 들어갈 맛있는 재료들이 쏟아질 듯 쌓여있다. 녹두전을 한없이 쌓아놓고 팔고 계시고 그 옆에선 직접 녹두를 갈아서 부치고 계셨다. 언제부터 이곳이 일상의 짐을 짊어지기 위해 손을 걷어붙이고 생활의 활기를 넣으며 버텨낸 것일까? 아마도 사랑하는 가족을 위한 희생의 길이었기에 소망이 있어 우리도 그 기쁨을 물질하듯 찾게 되는 것 같다.

경기여고 훼화나무

고통과 번민으로 미래의 길을 찾아 고뇌하던 그 교정은 늙지도 않고 내 마음에 있다. 서울에 올라오는 날이면 늘 그곳에 가고 싶었다. "오가며 그 집 앞을 지나노라면 그리워 나도 몰래 발이 머물고 오히려 눈에 띌까 다시 걸어도 되오면 그 자리에 서졌습니다." 이은상 작시와 현제명 작곡의 이 가곡의 노랫말이 내 가슴에 늘 숨어 부르는 노래이다. 가고 싶고 머물고 싶고 궁금한 〈그 집 앞〉이 있었다. 초등학교 이옥희 선생님의 집 앞이 늘 그리웠다. 마음으로 수없이 〈그 집 앞〉을 헤매었다. 그리고 이 경기여고의 교정 또한 마음으로 늘 그리워 달려가던 〈그 집 앞〉이다.

마음이 고요한 침묵의 시간이 되면 이런 노래들이 들린다. 고등학교를 졸업하고 40년도 더 되도록 그 교정을 가지 못했었다. 봄비가 내리다 그친 청계천을 걷던 날 광화문까지 걸어왔다. 이순신 장군의 동상이 서 있는 명예의 전당 같은 거리를 지나는 건 마음이 든든해진다. 신호 대기를 기다리는 동안에도 멀리서 세종대왕의 인자한 좌상에서 역사의 덕을 누린다. 광화문의 수려한 곡선의 지붕 아래 펼쳐진 이 넓은 광장을 만나면 마음이 탁 트이며 미래의 길이 환희 열려 보인다. 인왕산이 병풍처럼 감싸주는 이 도시 한복판에 서 있는 사람들 모두가 행복해 보인다.

퇴근길에 오고 가는 수많은 사람들의 발걸음을 헤치고 달려갔다. 희미한 기억을 더듬어 옛날 건물들을 상상하며 빠른 걸음으로 재촉하고 있었다. 200미터 전진하고 좌회전하는 그 골목길로 접어들면 곧바로 학교로 올라가는 길이 상상이 되었다. 내가 다니던 그 길에 큰 빌딩들이 줄 서 있는데 그 길은 여전히 남아 있었다. 친구들과 걸어 나오던 그 길은 그대로 내 과거를 소환해 주었다. 친구들의 마음을 먹으며 사람들에 대한 신뢰가 쌓여 갔던 그 길을 만났다. 친구 아버지의 이야기를 들려주던 그 거리에서 따뜻한 마음을 만졌던 장소였다. 이렇게 하여 친구와의 우정을 배우며 마음 나누는 법을 알아가기 시작했다.

지금 그 친구들은 만날 수 없지만 나를 친밀한 감정의 정점까지 이끌어준 안내자였다. 많은 것을 고민하고 미래를 결정해야 하는 고교 과정 속에서 번민하던 그 교정이 공사장 울타리 안에 갇혀있었다. 정문에 큰 쇠문이 가려져 있고 그 위에 공사안내판이 붙어 있었다. '덕수궁 흥덕전 권역 복원정비 공사'라는 내용이었다. 문화재청에서 매입하여 2022년부터 27년까지 공사기간이 안내되어 있다. 발돋움을 하여도 안을 볼 수가 없고 약속시간에 쫓기는 터라 틈새로 들여다만 볼 생각이었다. 뜻밖에 공사장 안으로 들어가는 문의 잠금장치가 퇴근한 상황인데도 열려 있었다.

순간 문을 열고 뛰어들어 가니 교실 건물들은 이미 다 사라졌다. 층계 없이 올라가던 넓은 오르막 계단의 교실과 깨끗한 양변기 화장실 건물이 있던 곳이다. 운동장 끝에는 넓은 계단이 있어서 조회나 체육시간, 조련시간에 관망하기 좋은 환경이었다. 그런 계단 위쪽에는 큰 수영장이 있었다. 그 수영장 담과 미국 대사관의 담이 맞닿아 있어서 호기심에 미국을 간접적으로 구경하던 장소였다. 그보다 더 놀라운 일은 운동장 한켠에 큰 훼화나무가 있었다는 사실이다. 이 훼화나무 아래 의자가 있고 작은 호수가 있어서 쉬는 시간이면 이 나무 아래로 모여들었다.

조선을 기린 훼화나무

봄이 막 문턱을 넘어오는 날인데도 그 교정 앞에 키가 큰 훼화나무는 검은빛 신사처럼 우두커니 서 있었다. 1,900년 역사의 현장 속에서 있었다던 고증처럼 너무나도 오래된 고목의 모습이었다. 허리 굽은 꼬부랑 할머니처럼 왼쪽으로 휘어져 있었다. 훼화나무에게로 달려가서 그녀를 안아 보았다. 쓰다듬고 사진을 찍고 둘러보고 하는 동안 어디선가 새가 노래하며 날아간다. 검은빛 모포를 걸친 것처럼 내 앞에 서 있는 훼화나무의 무게가 느껴졌다. 사명감으로 홍덕전 역사 속에서 걸어 나와 우리들과 함께하고 다시 새 역사 속으로 들어가 남겨진 것이다.

공사 관계자가 사무실 문을 열고 나와서 누구냐고 묻

는다. 나는 당당히 이 학교를 다니던 학생이었다고 외쳤다. 그리고 그분께 정중히 훼화나무를 부탁했다. "사장님이 훼화나무를 베어내지 말아 주세요." 관계자는 당연히 그래야 된다는 의미로 그럴 것이라고 답을 했다. 이 훼화나무가 나를 알아보았을 것이라고 생각했다. 쉬는 시간만 되면 이 나무에게로 왔던 나를 기억하고도 남을 것이다. 친구와 다정히 앉아 있노라면 우리들의 이야기에 귀를 대고 감싸주던 나무였다. 그녀의 크기와 넓이는 많은 학생들을 수용할 만큼의 그늘이 되어주었다.

훼화나무가 유일하게 살아서 학생이 되어 우리와 함께 시간을 공유한 것이다. 그녀도 학생이 되어 수많은 친구들에게 우정을 나눠주고 기쁨을 누렸을 것이다. 이제는 그 자리에서 나와 옛 조선의 시대로 걸어 들어가려고 한다. 나는 이 위대해 보이는 훼화나무가 옛 홍덕전과 함께 복원되는 이야기가 신기하다. 홍덕전의 역할대로 옛 조선을 기리는 곳에서 영혼을 위로하는 사명감을 다시 찾은 것이다. 나무의 가지만큼 잎사귀의 사연만큼 영혼의 덕을 기리며 버틸 것이다. 과거와 미래를 오고 가며 가지에 눈이 쌓여가도 훼화나무 그녀는 노련하게 새 역사의 봄을 품어 줄 것이다.

나의 추억에도 새봄을 맞이한 것처럼 좋은 기억들이 피어난다. 설레는 마음을 안고 문을 나와 돌아서자니 아쉬워서 한참이나 덕수궁 돌담을 바라보았다. 지인들이 아직 약속시간이 충분하니 걸어갈 수 있을 것이라고 한다. 용기를 내어 덕수궁 돌담을 향해 달려갔다. 여전히 고즈넉한 돌담길 위에는 걸음마다 역사의 무게가 느껴진다. 돌 사이사이의 틈을 메운 현대식의 손질 덕분에 더 빛이 난다. 추억 속으로 친구 손을 잡고 달린다. 이 돌담을 걷고 있는데 여전히 고등학생이 되어 내가 달려간다. 돌담길 끝에 있는 단팥빵집에서 선생님을 만날 생각으로 달린다. 왜 그렇게 선생님이 좋아서 달려갔는지 지금도 그 소녀의 심정이 되어본다.

오래된 성당이 있고 덕수초등학교는 여전히 교정을 마주하고 자리를 지키고 있다. 미국 대사관 앞에는 경찰차들이 늘어서 있고 경비병 한 사람이 대사관 문 앞에 서 있다. 고종황제가 걸어 다녔다는 덕수궁 돌담길을 지나쳐 걸었다. 퇴근길에 차량이 붐비는 순간 어디로 가야 할지 방향을 잃어버렸다. 조선시대에서 걸어 나와 시청의 아름다운 건물 앞에서 길을 건너 가로지르며 뒤를 돌아다본다. 과거는 여전히, 오늘 내 앞에서 빛나고 있는 궁의 문을 바라보는 이 경치가 너무 아름답기만 하다. 서울 시청이 아름다운 것은 바로 대한문大漢門을 마주하고 있기 때문이다.

봄의 눈

만인산에 나무들이 봄을 향해 일제히 눈을 뜨고 있다. 나도 덩달아 이들을 바라보면서 봄눈을 뜨게 된다. 하루가 다르게 겨울을 이겨낸 가지마다 초록의 새순을 피워낸다. 벌거벗은 채 겨울을 지낸 이유를 알 것만 같다. 잎사귀 다 떨구어 서러운 작별을 한 이유가 새봄에 맞이할 새로운 가지들 때문이었다. 새로움을 위해 지나간 것을 버릴 때 이미 가지 끝마다 새 생명을 잉태하고 있었다. 겨우내 시린 가지 끝마다 생명의 혈관인 줄기를 따라 씨앗은 보호받고 있었다. 봄이 오자 저마다 새로운 잎사귀며 꽃 세상을 가져온다.

해마다 봄이 오면 이렇게 자연은 새로운 창조를 보여준 것이다. 나도 자연의 질서 앞에 새로움의 눈을 뜨게 된다. 늙고 쇠하는 것이 아닌 더욱 새로워지는 뭔가가 있다. 그것을 놓치지 않으려고 잃어버릴 것을 붙들지 않으려고 한다. 새로운 봄을 맞이하기 위해 많은 것을 잃어

버리는 일을 이제 서러워하지 않아도 된다. 이러한 사실을 나는 이 자연의 소리를 통해 배우게 된다. 새로운 시작이 얼마나 아름다운지 가지마다 돋아난, 초록의 입술마다 생기가 뚝뚝 가슴으로 떨어진다. 나의 새로움이 아무리 작은 것이라 해도 이렇게 아름다울 수 있으리라는 믿음을 가지게 된다.

봄은 조용히 오는 것 같다가도 몇 번씩이나 후퇴를 한다. 봄은 사랑스럽게 피어나는 것만도 아니다. 느닷없이 쌀쌀함을 동반하기도 한다. 이런 봄의 쌀쌀함은 겨울의 추위보다 더 매섭다. 창문을 열고 봄의 햇살을 맞이하려다 다시 닫아 버리게 된다. 봄을 닮은 사람들에게 자주 이런 상처를 받고 마음을 닫는 일과 닮아있다. 차라리 냉정한 사람들에겐 아무것도 바라는 게 없으니 오히려 상처받을 일이 없다. 그러나 봄 같은 사람에게 마음 문을 확 열어놓았다가 당하는 쌀쌀함은 참 오랫동안 얼어붙게 만든다. 그래도 이런 봄을 닮은 사람들이 좋은 건 반드시 봄을 안겨다 주기 때문이다.

봄은 저 혼자만 오지 않는다. 바람도 몰고 오고 비도 몰고 온다. 이틀째 비가 오고 어딘가는 눈도 온다고 한다. 정을 나누는 사람들이 살고 있는 미국에도 비가 오고 눈이 오는 봄이라는 소식을 들었다. 내가 먼저 봄 친구들의 예쁜 사진들을 전송하였다. 그들은 지금 종교적으로 사순절이라는 시기를 알고 있는 친구들이다. 연보랏빛의 작은 꽃들이 산속을 가득 수놓았다. 연분홍 진달래도 주님의 피를 토하듯 피어난다. 그리고 낮은 땅 위에 희고 노란 노루귀라는 꽃들이 피어난다. 새로운 봄을 맞이하여 제일 먼저 꽃들도 주를 찬양하는 예전색으로 기념하고 있음에 깜짝 놀란 새봄이다. 손톱만 한 목련들이 가지에서 눈을 떴는데 비가 쏟아져 내렸다.

다음날 창문으로 내다보니 비를 맞고도 더 단단히 피어난 봄의 세계를 마주한다. 바람 불고 비 오며 추위도 쉽게 문밖을 나서지 못하고 서성거린다. 창가 대나무 숲 빈 가지 위에 청회색빛 비둘기 한 쌍이 실비를 맞으며 봄나들이를 나왔다. 인기척에 놀라 달아날까 봐 살며시 다가가서 봄빛을 닮은 비둘기 몸을 바라본다. 봄의 눈으로 보니 새로운 역사를 쓰는 교정이 위대해 보인다. 옛 이름 대안문大安門이었던 대한문을 마주한 서울시청도 새봄처럼 아름답다.

봄의 언덕에 쓰인 편지

살구꽃의 향기

아름드리 거대한 살구나무 한 그루가 나의 창문 앞에 오래전부터 서 있었다. 앞마당 한 켠에 몇 번의 고사 위기를 면하고 올해도 새봄을 맞이했다. 20년째 버티고 서 있는 살구나무는 자신의 아름다운 가치와 의미를 안겨 준 적이 없다. 열매의 달콤함조차 그리 맛보지 못했다. 그러던 어느날 느닷없이 이 의미 없던 살구나무에 노란 열매가 작은 풍선처럼 매달려 있었다.

이 나무에 언제 봄이 와서 꽃이 피었는지 몰랐다. 노란 살구 열매가 나뭇가지가 휘어지도록 열렸다. 농부의 손을 거쳐 가꿔진 것처럼 탐스러웠다. 모두가 살구나무 아래로 모여 그 존재에 놀라기 시작했다. 땅에 떨어진 상처 입은 열매도 주저 없이 입으로 들어갔다. 나무 위에 올라가 너도나도 한 바구니씩 따 갈 만큼 풍성한 과실을 안겨주었다. 그때 이후 이 살구나무는 소중한 친구로 남게 되었다.

그런 살구나무가 이번에는 봄 향연의 신호가 되어 주었다. 짙은 꽃향내가 봄바람을 타고 찾아와 자신의 새로움을 전했다. 드디어 올봄에 벚꽃만큼 아름답고 소담한 흰 꽃잎이 피어났다. 꽃보다는 가을에 익어갈 살구 열매를 기다리는 맘으로 그녀의 존재를 바라보았다. 그런 살구의 미래를 그리며 그녀 앞을 빠르고 무심히 지나쳤다.

그러던 어느 날 아카시아 꽃향기 같은 달콤한 향내가 코끝을 자극하기 시작했다. 어디선가 날아온 벚꽃의 향기려니 생각했다. 바람이 살구나무를 살짝 흔들고 지나가자 그 향기는 살구꽃에서 나는 것이었다.

그 순간 아름다운 꽃만이 아닌 달콤한 향기까지 뿜어내는 그녀의 존재를 다시 보게 되었다. 꽃과 향기와 열매까지 아름다움을 두루 갖춘 완벽한 살구나무의 존재를 마주했다. 그날 바람이 살구꽃을 흔들지 않았더라면 영영 그녀의 존재를 알지 못했을 것이다.

살구꽃이 흔들려 하얀 꽃잎이 지는 걸 나무는 아파했을 것이다. 그런 아픔도 고운 꽃잎과의 작별을 막아설 수는 없는 것이다. 꽃잎보다 가느다란 가지가 먼저 바람에 흔들리기 때문이다. 꽃잎은 어쩌면 오늘 아침에 눈을 뜨고 하늘을 본 것이 전부였을 것이다. 그런 꽃잎은 살구나무 발등에 잠시 앉았다가 바람길을 따라간다. 꽃잎은 바람에 흔들리고 떨어지면서 짙은 향기로 자신을 말했다.

달콤한 꽃향기에 취해 달빛 아래 서 있는 살구나무를 올려다보았다. 그녀의 향기에 살구나무는 비길 데 없는 사랑스러운 존재가 되었다. 주차장 외진 곳에서 주목받지 못한 채 올해는 베어내야 한다는 말을 수 없이 들었을 것이다. 그런 그녀가 내게로 와서 자신의 꽃과 향기를 맛보게 해 주었다. 비에 젖고 바람에 흔들리면서 그녀는 자신의 존재를 알려주었다. 나도 바람에 흔들리기를 배워 더 깊은 향기를 발하는 사람이고 싶어졌다.

봄나물

산책로를 따라 피어난 야생화로 새로운 봄 이야기를 듣는다. 지난봄에 만난 친구들 같은데 새로운 친구들이 더 눈에 들어온다. 야생화가 눈을 뜨고 자신을 마주하는 곳에 푸른 잎사귀들도 산천으로 뻗어 나간다. 봄이면 흔히 채취하는 쑥을 뜯어 쑥튀김이 한 상씩 차려진다. 쑥떡이며 쑥버무리 등, 쑥개떡의 이름으로 쑥 향기를 먹고 힘을 낼 무렵이다. 쑥은 누구든지 향기와 잎 모양새로 쉽게 구분할 수 있다. 산에서 캐는 봄나물 중 취나물도 눈에 익숙하다.

어느 날 취나물과 비슷한 잎 모양을 보고 어리둥절하며 버려야 할지 고민들을 하고 묻는다. 네이버로 검색을 해보니 곰취였다. 취나물과 비슷한 이 곰취를 다음날 쌈으로 내놓았다. 줄기까지 달큰한 곰취에 다들 반해 버렸다. 아차 순간에 버릴 뻔한 곰취나물로 봄의 새 맛을 느낀다.

산으로 들로 봄이면 만나는 나무순들로 식탁에도 봄이 온다. 산나물 중에서 맛이 향긋한 두릅을 맛볼 기회가 다시 찾아왔다. 두릅나무에서 따는 참두릅인지 엄나무의 새순에서 따는 개두릅인지 아직 잘 알지 못해서 미안하다. 지천으로 자라난 산나물을 눈으로 보는 게 아니라 입으로 맛본다는 것은 참 행복한 일이다.

봄이면 봄을 체험하기 좋아하는 분들의 수고로 나는 가만히 산에서 자란 봄기운을 마신다. 고사리가 자랄 무렵이면 매일 산으로 가는 이야기들이 들린다. 아기 손처럼 오므리고 피어나는 새순을 보기도 아까운데 굳이 잘라서 반찬을 해 주신다. 고비는 더 말할 수 없이 고소하다고 하여 필리핀에서 시집온 로사리까지 고비에 반했다. 그녀는 완연히 한국인의 입맛이 되어 고비나 고사리를 나보다 더 구별하게 되었다.

그녀는 고사리와 고비며 취나물, 곰취까지도 구별할 식견을 가지게 되었다. 그런데도 여전히 모르는 게 많다고 늘 겸손한 자세다. 한국의 봄나물을 알아가고 새로운 봄을 맞이하며 기뻐한다. 달래, 미나리, 두릅이며 꼬들빼기며 된장국의 시원한 냉이까지는 환히 안다. 그녀가 한국의 산천에서 발견할 산나물의 이름을 듣기만 해도 눈이 동글해질 것이다. 가죽나무순, 미역취, 개미취, 명이나물, 누리대, 원추리, 단풍나물 등을 함께 먹을 때마다 한국의 봄을 맞이할 것이다.

그녀는 지금 암 투병 중이지만 아무런 염려 없이 날마다 즐겁고 기쁘게 나와 일상을 공유한다. 문화 충격으로 종종 마음과 정신에 병을 얻고 약을 먹어가면서도 특이하게 암과의 전투는 씩씩하다. 필리핀 섬의 그녀가 한국의 봄나물 바다에서 건강을 찾기 바란다.

그녀가 좋아하는 봄나물은 이미 건강의 길잡이가 되었

다. 머위도 참 좋아해서 쌈으로나 가을, 겨울 말린 잎도 잘 먹게 되었다. 시집살이 호되게 하며 눈물 흘린 기억처럼 씀바귀는 아직 맛을 덜 느끼는 것 같다. 언젠가는 이 씀바귀도 그녀와 함께 봄동 배춧잎을 먹듯이 입에 맞을 날도 올 것이다. 고소한 비름나물을 참기름에 비벼서 고추장으로 버무린 감칠맛에 기운을 북돋을 것이다.

돈나물이라고 불리는 돌나물도 그녀의 건강한 밥상을 만든다. 근대와 유채잎이며 아직 맛보지 못한 민들레 잎들도 그녀의 건강을 찾아 주는 봄의 전령사들이다. 한국에 살면서 병을 얻은 그녀가 늘 맘이 아프고 미안하다. 다행히 봄나물과 해초를 좋아하는 그녀에게 한국의 맛이 건강을 회복해 줄 것이다. 분명 새봄을 맞이할 때마다 봄처럼 일어날 것이다.

야생화

항상 봄이면 마주하던 야생화며 들풀인데 올봄에는 못 보던 친구들이 눈에 들어온다. 취나물인 듯, 곰취인 듯, 넓은 잎나물이 만주미나리아재비라는 친구를 만났다. 올봄에서야 만나는 들풀의 싱싱하고 건강한 모습이 눈에 들어온다. 잘생긴 풀잎들이 산천을 싱그럽게 만들어 주고 있다. 꽃들만 눈에 들어왔었는데 푸른 잎사귀들의 소중한 속삭임에 산천이 푸르러 감을 이제야 보게 된다.

고사리 종류들의 다양한 잎사귀의 모양은 야자수 잎처럼 땅 위에서 솟아나서 쉽게 구분이 간다. 무성하게 산을 가꾸고 푸름을 더해주니 산천이 말없이 더 풍성해짐을 보게 된다. 비슷하지만 나름대로 이름을 가지고 있다. 개고사리, 비늘고사리, 산토끼고사리, 곱새고사리, 십자고사리, 가래고사리, 애기족제비고사리라는 이름으로 불린다.

얇은 잎 고광나무 잎사귀도 찔레꽃을 닮은 꽃은 보이지 않지만 산을 푸르게 덮어 간다. 잎사귀가 비슷하게 보이는 암괴불나무 잎을 마주해 본다. 그들 곁으로 자주 갈수록 그들의 이름과 꽃을 알아보기란 사람을 사귐처럼 어렵다. 올괴불나무와 각시괴불나무며 청괴불나무, 홍괴불나무, 두메괴불나무, 털괴불나무, 좁은잎괴불나무 종류들이 마냥 사랑스럽다.

내년 봄에는 '사랑의 희열'이라는 꽃말을 지닌 올괴불나무 꽃을 볼 것이다. 산기슭 데크 길을 따라 올라가는 곳마다 아주 작은 꽃들을 가까이서 볼 수 있다. 너무 작은 꽃 앞에서 이름을 살펴보니 까마귀밥나무란다. 노란 다섯 잎 꽃 속에 여섯 개의 포자 잎 모양이 들어있는 작은 꽃들이 옹기종이 피어있다. 쑥 모양을 닮은 작은 잎들과 노란 꽃들이 까마귀의 밥이 될 가을을 기다린다.

회잎나무의 노란색의 꽃도 올봄에서야 처음 만날 수 있었다. 이 회잎나무와 비슷한 화살나무가 울타리용으로 가꾸어진 곳에 이르니 꽃들이 피어있다. 맞은편에 붉은 잎 사이 고개 숙여 수줍게 핀 꽃들이 화려하게 매달려 있다. 발을 멈추고 사진을 찍어 살펴보니 일본매자나무였다. 동글동글 팝콘을 튀겨놓은 듯 잎사귀 아래로 숨어 핀 꽃이 사랑스럽다. 알록달록 분홍빛 수줍은 얼굴을 올려다보려고 고개를 숙인다.

봄의 언덕으로 올라가니 흰 쌀알 같은 꽃이 화려한 부채처럼 달려있다. 고추나무라고 불리는 이 친구도 사랑스럽다. 염주괴불주머니 야생화도 계곡 가까이 피어나 나팔처럼 휘날리고 있다. 잎사귀는 마치 쑥갓을 닮았고 꽃잎이 서로 어긋나 모양이 특이하다. 꽃은 꽃대에 걸어 놓은 듯 촘촘히 달려 그 품위에 발길이 멈춘다.

언제나 봄이면 오래도록 눈에 띄는 흰 밥풀 같은 꽃이 동그랗게 부케처럼 피어난다. 백색이라지만 너무 희고 깨끗한 꽃잎들을 보면 마음도 진정이 된다. 이 꽃은 미나리냉이라는 평범한 이름으로 불린다. 산속 어디서나 나지막하게 자라서 흰 꽃송이를 한 아름 작은 몸으로 피워내고 있다. 너무 어여쁘고 담백한 마음을 담아 보는 이로 하여금 마음을 정화시켜준다.

라일락처럼 한 가지에 꽃들이 뭉쳐서 피어나니 작은 꽃이지만 그 색이 더 화려하다. 수국을 닮은 듯하지만 수국보다 더 진실한 마음을 만지는 묘한 작은 흰 꽃을 보는 건 큰 힘이 된다. 순수한 마음과 차분한 마음을 이 미나리냉이꽃에서 얻어 간다. 봄이면 내가 자주 산을 오게 되는 이유이다. 올봄에는 또 다른 꽃들과 들풀에서 나의 봄은 더욱 넓어만 간다.

들풀

봄의 언덕을 걸어가면 자라난 온갖 풀들이 자꾸 눈에 들어온다. 하루가 다르게 푸른 영역을 확장해 가며 그들의 세계를 정복해 가는 기특함에 은근히 힘을 얻는다. 예전에는 눈으로 보아도 의미 없던 작고 하찮은 존재였는데 봄이 올 때마다 그 작은 생명의 성장이 가슴에 와 닿는다. 슬픈 일이 있을 때는 그들의 생존에 괜히 눈물이 난다. 나의 작음에 비참해질 때는 이름 모를 풀들의 성장에 비장해진다.

겨우내 이 빈 언덕을 지켜주던 맥문동은 봄이 오면서 그의 지칠 줄 모르던 생명을 내려놓았다. 검은빛의 콩만 한 열매들이 줄기에 다닥다닥 붙어 있어서 흑진주처럼 진귀했다. 이제는 줄기들이 푸른빛을 잃은 채 봄의 친구들에게 자리를 내주고 있다. 봄 언덕의 작은 들풀에게 자신의 영역을 내주었다.

이 황량했던 언덕들을 이제 아주 작은 풀들이 점점 땅을 덮어 가면서 녹색의 언덕으로 만들어 주고 있다. 별꽃 같은 작은 꽃들이 피어나는 좁쌀냉이가 먼저 봄 언덕을 수놓는다. 작은 국화꽃 모양의 별꽃이 아기자기 피어난다. 편안한 마음으로 걸을 때만이 이 친구들이 보인다. 그러한 마음으로 바라볼 때 이 작은 흰 꽃 친구들이 아름다워 보인다.

쇠뜨기풀도 볼품없는 언덕들을 푸른 바다로 만들어 가는 능력은 가장 뛰어나다. 방울새풀들도 때론 무질서해 보이지만 봄 언덕에 함께 어우러질 때면 안개꽃처럼 보리꽃처럼 보인다. 갈퀴덩쿨도 흔들흔들 바람에 흔들리며 봄 언덕에 함께 오른다. 이 친구들의 성장도 제법 왕성하고 빠르다.

뿌리냉이, 이삭여귀, 꼭두서니, 타래사초, 선연리초, 큰별꽃, 싸리냉이, 괭이밥, 둥글레, 서양민들레, 털연리초, 매자나무, 벌깨덩굴, 거센털꽃마리, 개별꽃, 벌깨덩굴, 피나물, 황새냉이들이 함께 어우러진 언덕을 오른다. 가장 화려하고 아름다운 꽃은 노란 꽃의 피나물이다. 다섯 잎의 노란 꽃잎은 산천을 화려하게 장식한 소품 같다. 들과 산천이 봄의 세상을 여는 향연을 보려고 달려가 본다.

봄으로 흐르는 시냇물을 보려고 달려가는 나의 마음은 예전엔 없던 마음이다. 봄이 오면 봄 친구들에게 진지한 관심이 생긴다. 사랑스러운 마음으로 다가가면 새로운 모습으로 마중 나와 묘한 긴장감을 준다.

루피너스가 여러 가지 칼라로 꽃우산 자루처럼 피어 기다린 것만 같다. 보는 순간 탄산수 같은 감탄의 언어가 솟아 나온다. 내 안에서 나의 만족으로 지르는 탄성이 아니다. 자연 앞에서 이렇게 순수한 감격이 솟아나는 기분은 정말 새롭다.

큰 상록수나무 가지들 위에도 연한 순들이 피어나 있다. 한겨울 동안 푸른 상록수의 생명력을 자랑했는데 봄을 맞은 연초록의 순이 더 강하다. 그 연한 채도의 아기 새잎이 봄의 생명을 보여준다. 멀리서 바라보면 그 색감의 차이에 초록색의 출렁거리는 소리가 바다 물결처럼 보인다. 초록빛이 흰빛으로 연초록으로 검푸른 초록으로 온 산천에 물감처럼 번져간다.

산이 자라는 동안 바라보는 나의 마음도 녹색 바다로 물들어간다. 마른 나무들이 초록의 숲으로 채워지는 산을 오르면 나의 심장도 봄기운을 호흡한다. 작은 풀들은 들길을 밤낮없이 뻗어 나가 초록으로 물들인다. 들풀은 풀로만 있지 않고 작은 좁쌀만 한 꽃 생명을 키워 자신의 봄 세상을 만들어 놓는다. 그 작은 들풀들이 황량한 땅을 바꾼 봄의 세상에 고개 숙여 인사를 하게 된다.

봄의 어울림

봄을 맞이한 바닷가에도 노란 꽃들이 땅바닥에 나즈막이 피어있다. 자세히 보지 않으면 발로 밟고 지나갈 크기들이다. 양지꽃에 속한 뱀딸기 같은 다섯 잎의 작고 노란 세잎양지꽃들이 반긴다. 잔디 속에 군데군데 보라색 꽃잎도 흔들흔들 작은 키를 자랑하고 있다. 자세히 살펴보니 완두콩 줄기를 닮은 작은 살갈퀴 들꽃이었다.

보랏빛 꽃은 고개 숙여 핀 제비꽃들이 대표적이다. 올봄에는 흰 제비꽃을 보고 놀라기도 했다. 바닷가 펜션에서 아침을 맞이하고 일어나 보니 돌계단 사이에 하얀 꽃이 피어있다. 이른 아침 바닷바람을 맞으며 핀 한 송이 튤립이었다. 그 옆으로 아카시아 잎을 닮은 둥굴레 가지에 하얀 꽃들이 한가득이다. 그러고 보니 밤새 만조인 바다 위에 달이 흰 꽃으로 피어있었다. 하얀 꽃처럼 바다 꽃이 되어준 달꽃이 떠오른다. 하얀 꽃들이 해변에 모여서 밤새 축제 한 것이었다.

노란 유채꽃이 사람 키만큼 자라서 무리 지어 흔들리면 작은 무리들의 속삭임의 크기를 무시할 수 없다. 가녀린 줄기에 노란 꽃이 매달려 바람 따라 흔들리면 덩달아 마음이 흔들린다. 바닷가 한켠에 조성된 노란 유채꽃 속으로 달려가 유채꽃이 되어 보려는 사람들이 이쁘다. 아름다운 꽃을 보면 사랑스런 마음이 생긴다. 나도 꽃처럼 사랑스런 인격으로 피어나고픈 꿈이 생기는 봄이다.

해변가 산자락 모래 위에 꼬물꼬물 초록 잎들이 무성하게 퍼져있다. 5월이 되면 이 작은 잎사귀 사이에서 나팔꽃을 닮은 분홍빛 갯메꽃이 피어난다. 아! 푸르른 봄이여! 수많은 작은 풀의 생명들이 자라 천지를 꽃의 나라로 수놓았다. 들마다 산마다 녹색의 빛이 무르익고 생명의 계절을 징검다리 삼아 건너가는 봄이다.

가정의 달이 되어서야 모든 것을 사랑하고 품어야 함을 산과 들에서 배운다. 그 황량한 언덕을 가꾼 작은 들풀의 푸른 생명이 바꾼 대지를 바라본다. 자기만의 성장을 꿈꾸며 생명 넘치는 들풀의 세상을 만들었다. 온갖 다름을 인정하며 봄에야 만날 수 있는 그 생명들이 어우러져 그들만의 동산을 가꾸고 있다. 들풀의 가족을 보면서 야생화의 친구들을 보면서 우리가 서로 사랑해야 함을 배운다. 무의미한 시간들이라도 나의 자리에서 안주하는 힘을 배운다.

봄이면 산언덕을 작은 키로 올라가는 들풀에게 그 자신감을 배운다. 아무리 작은 꽃이라도 새롭게 시작한 봄의 세상이라서 진귀하다. 겨우내 자기 자신의 목숨줄을 땅에 기대어 다시 피어난 것이다. 우리가 서로 다른 환경 속에서 자신의 생명을 꽃피워 살아야 함을 배운다. 봄 언덕이 나에게 쓴 편지의 내용은 바로 봄의 어울림이었다.

동해바다

묵호등대(燈臺, lighthouse)

등대와 등대지기, 그리고 등대지기의 노랫말은 외로움의 감성을 자극한다. 이런 등대의 이미지와 정반대인 결코 외롭지 않은 등대도 있다. 바로 해발고도 67m로 묵호항 근처에 1963년 6월 8일 건립된 묵호등대이다.

묵호등대의 프리즘 렌즈 회전식 불빛은 국내 기술로 개발, 2003년 10월 설치하여 42km까지 식별이 가능하다고 한다. 외롭지 않은 이 묵호등대를 보려고 지인들과 달려갔다. 등대는 아기자기한 벽화며 주변의 경관들과 어우러져 외로움과 고독의 그림자는 찾을 수 없었다.

전망대로 올라가는 길은 유럽식 나선형 계단으로 손쉽게 정상에 오를 수 있었다. 등대 위에서 내려다본 동해의 짙푸른 바다가 시원하게 펼쳐져 우리를 반긴다. 배들의 안내자인 등대라지만 묵호등대는 사람들과 더 친근해져 버렸다.

　묵호등대 주변의 공원과 마을들이 하나의 미술작품처럼 아름답다. 이 묵호등대의 높은 절벽 아래로 카페와 펜션, 나무들과 꽃들이 숨겨진 비경을 보는 것 같다. 아슬아슬하게 굴러떨어질 것만 같은 공간에 푸른빛의 나무 의자에도 바다색이 출렁인다. 이곳은 지인으로부터 꼭 들러 보라는 추천을 받은 바로 등대 카페이다.

　여러 관광지를 취소해가며 굳이 카페를 찾아간 것은 챙겨준 따뜻한 관심 때문이다. 서울의 달동네를 축소한 것 같은 공간 안에 인형 소품들과 푸른빛 나무 의자로 장식한 카페에 빠져버리고 말았다. 푸른빛 나무 의자는 바다와 연결되어 사진마다 푸른빛이 주는 자연 친화적인 안정감을 선사한다.

　카페 투어를 하듯 절벽 위에 작은 공간들을 돌아다니며 사진을 찍다 보니 소년, 소녀들이 되고 말았다. 주변에 함께 자라는 꽃들과 나무들도 예외 없이 아름다운 장식품이 되었다. 여행자들의 모습도 다 소중한 존재가 되어 미소와 웃음꽃들이 삼색병꽃나무 위에 걸려 자연으로 동화되는 시간이다.

해랑전망대에서 불어오는 바다의 바람과 파도 소리는 절벽 위로 올라오고 싶은 목소리로 외치다 흩어져 내린다. 외로움에서 벗어난 묵호등대는 바다에서 걸어 나와 사람들 속으로 들어와 있다. 파도와 갈매기 소리 대신 사람들의 이야기를 듣는 안내자의 삶으로 변신한 모습이다.

얼마나 외로웠으면 등대가 사람들 속에서 집을 짓고 함께하고자 했을까 싶다. 사람의 관념을 깨고 나의 단점들을 바꿀 수 있는 꿈을 이 묵호등대에게 배우고 간다. 등대는 망망대해를 오고 가는 배들의 이정표라는 불빛으로만 살지 않는다.

이제 그런 상징성을 가지고 외로운 자들의 마음을 밝히는 마을의 터줏대감처럼 서 있다. 묵호등대가 우리 일행과 수많은 여행자들에게 어울리는 삶을 말해주고 있다. 단절된 독특한 삶의 방식조차 길과 문이 되기를 꿈꾸라는 것만 같다.

붉은색 등대의 언어

등대의 법적인 이름은 '항로표지관리소'라는 건축물로 불린다. 등대의 역할은 항해하는 배에게 길을 알려주는 안내자로 기억하고 있었다. 사실을 알고 보면 등대는 길을 안내하기보다는 "나 여기 있소!"라고 자신의 위치를 알리는 목적이라고 한다. 항해하는 배에게 항구의 위치를 표시하며, 입항하는 배를 위해 '방파제'의 입구 쪽 끝을 알리는 데 있다.

길 찾기 기능은 원래 목적도 아니고 실제적으로는 암초에 부딪칠 위험을 알리는 기능이라고 할 수 있다. 어두운 밤바다에 비치는 등대의 따뜻한 불빛 때문에 길 안내자의 감상에만 젖어 있었다. 실상은 '여기로 오지 말라고 알리는 신호기'라는 진실을 마주했다.

등대의 이런 의미심장한 신호들을 통해 그가 전하는 음성이 듣고 싶어졌다. 제일 눈에 들어온 것은 몸 전체에 붉은색을 칠한 아름다운 등대였다. 아름다운 조형물로도 알려진 '행담도북서방등표'로 불리는 등대다. 평택시와 충남 당진군 지역 간의 화합과 번영을 위해 세워진 건축물이다.

입출항 선박에게 머리 숙여 인사하는 모습을 담아 머리 부분이 구부려져 있다. 영문 이니셜 'P'와 'D'를 형상화한 모습은 바다 위에 떠 있는 고깔모자의 형상을 닮은 듯 하나의 미술작품을 연상케 한다. 이 아름다운 등대의 신호는 항해금지를 안내하는 '등표燈標'다. 평택항으로 들어오는 선박의 좌초를 방지하는 역할을 위해 유유히 홀로 떠 있는 무인등대이다.

송이버섯등대로 유명한 붉은색의 물치항등대는 양양군 물치항 방파제에 세워졌다. 강원도 설악산과 오대산 사이에서 솔향을 품고 자라는 양양의 송이버섯을 상징하는 등대이다. 매일 밤 5초마다 한 번씩 반짝이는 불빛은 만선의 꿈을 실은 배들의 안전을 위해 신호를 보낸다.

물치항등대는 흰색 등대인 방사제와 방파제에 세워진 작고 아담한 빨간색의 등대로 유명하다. 두 등대 사이로 해가 뜨는 물치항의 일출 모습이 아름답다는 목격담은 내게 꿈을 선사한다. 물치항의 사시사철 신선한 수산물과 10월이면 제철을 맞은 도루묵은 미식가들에게 신호를 보낸다.

울산에서 가장 상징적인 정자항의 귀신고래등대도 빨간색이다. 이 정자항 북 방파제 등대는 빨간 고래 모양이다. 멸종 위기의 귀신고래는 로이 앤드류스 박사에 의해 발견되어 1912년 세계 최초로 귀신고래(Korean Grey Whale)라는 이름에서 유래한다. 1962년 귀신고래가 천연기념물로 지정되면서 정자항을 대표하게 된다. 이를 상징하는 의미로 정자항의 등대 모양을 귀신고래의 형태로 세운 것이다. 이 귀신고래가 빨간색이 된 것은 등대의 신호 때문일 것이다.

섬에는 하나의 등대가 서 있기도 하지만 빨간색과 흰색 등대가 함께 서 있는 경우도 많다. 노란색도 있는데 등대의 색깔에는 저마다의 역할이 정해져 있다. 고기잡이배의 입출항이 활성화된 어항에서는 더욱 등대의 색이 구별된다.

빨간색 등대는 바다에서 항구를 바라볼 때 오른쪽에 장애물이 있으니 왼쪽으로 입항하라는 신호 색깔이다. 밤에도 식별이 가능하도록 빨간색의 조명으로 반짝이며 신호를 보낸다. 빨간색의 등대는 약속된 자신의 언어로 신호를 보낸다. 내 마음에도 언제나 안전을 약속하는 언어 하나쯤 밝히는 등대의 빛으로 살고 싶어진다.

흰색 등대의 언어

정자항 남 방파제에는 빨간색 귀신고래등대 외에 흰색의 귀신고래모양조형물 등대가 있다. 귀신고래가 새끼를 낳기 위해 이동하는 경로에 암초가 많은 곳에서 귀신같이 출몰한다 하여 붙여진 이름이다. 흰색 등대의 의미는 바다에서 항구를 바라볼 때 왼쪽에 장애물이 있다는 표시이다. 이런 신호로 인해 입항하는 배들은 오른쪽으로 안전히 진입하게 된다.

흰색 등대는 녹색 불빛으로 어둠 속에서도 빨간색 등대와 구별이 되도록 점등하게 된다. 등대의 색깔이 배들에게 보내는 세계 공용어의 신호체계에 때늦은 관심이 흥미롭기만 하다. 온몸의 색이 자신의 언어가 되어 배들의 입출항을 보호하는 등대는 항구의 문지기인 셈이다.

또 하나의 유명한 흰색 기둥의 등대로는 선유도 인어등대로 예술적 가치가 빛나는 조형등대이다. 고군산군은 16개의 유인도(선유도, 신시도, 무녀도, 장자도, 야미도, 관리도, 방축도, 말도, 명도, 대장도, 비안도, 두리도 등)와 47개의 무인도(횡경도, 소횡경도, 보농도, 십이동파도 등)로 된 군도이다. 고군산 8경에 속하는 선유도는 10리 길 모래사장으로 유명한 선유도 명사십리明沙十里로 알려져 있다.

선유도를 방문하는 사람들에게 안전과 행복을 기원하는 조형물로 인어가 기도하는 모습이다. 등대의 역할이 이렇게 많은 의미와 뜻으로 자신의 언어를 가지고 있다는 사실이 놀랍기만 하다. 선유봉 자락 끝에 위치한 조각상 같은 인어등대가 있는 곳에서 노란 등표도 보인다.

부산 차전놀이등대는 민속놀이인 차전놀이 모양을 본뜬 흰색 등대이다. 부산신항의 서 방파제에 세워져 세계로 역동하는 부산신항을 대변하고 있다. 부산신항 동방파제 서단등대는 빨간색으로 흰색 차전놀이등대와 서로 마주한 곳에는 녹색의 등표가 떠 있다. 철근콘크리트와 철골의 혼합 구조물로 27m의 높이와, 6m의 너비로 곡선형 벽체 모양이다.

빨간색 차전놀이등대의 벽체 아래쪽으로 휘어진 흰색의 구조물이 아름답게 보인다. 차전놀이등대 또는 닭벼슬처럼 보인다고 해서 닭벼슬등대라고 부른다. 정식 명칭은 '서암항 북 방파제 등대'다.

부산은 항구의 도시답게 등대를 관광자원으로 구축하여 유·무인 합쳐 74개나 된다고 한다. 그중 풍장어와 멸치로 유명한 기장군에 이색 등대들이 모여 장관을 이루고 있다. 유명한 등대 중 하나가 흰색 젖병등대로 원래의 이름은 '서암항 남 방파제 등대'이다.

젖병등대 벽면에는 부산에 사는 영유아 144명의 발도장과 손도장이 양각으로 제작되어 붙어 있단다. 2009년 부산지방해양항만청이 출산장려를 위한 목적으로 탄생하였다. 흰색 젖병등대가 바다를 향해 인간세계를 향한

염원과 함께 배들의 안전을 책임지기 위해 서 있다.

그 마주한 대변항에 인공섬 형태의 '뜬 방파제'에 흰색의 태권V등대와 노란색의 마징가Z를 닮은 등대가 있다. 칠암항 오른쪽 방파제에는 2008년 베이징올림픽 야구 우승을 기념하는 야구등대와 왼쪽에는 붉은색갈매기등대도 있다.

방망이 모양의 등탑을 주변으로 구멍 뚫린 야구공과 글러브 모양의 조형등대이다. 부산은 자신들의 전설적인 이야기들과 염원들을 등대로 이미지화하여 세계적인 도시로 성장하고 있다. 등대에 의미를 더한 새로운 목소리가 부산을 통해 더 멀리 비추길 바란다.

노란색 등대의 언어

노란색 등대는 좀처럼 보기 어려운 등대의 색깔이다. 이 노란 등대의 색으로 알 수 있는 것은 특별한 해상의 위험 요소일 것이다. 노란색 등대는 소형 선박은 주의해서 다녀야 하는 간이 통로로 이용할 수 있는 곳이라는 안내이다. 공사 중이거나 작업구역, 어로구역, 시추선 등의 시설물의 위험을 알리기 위한 목적을 가진 색깔의 등대이다.

국내에서는 제주도 성산포항에 이 노란 등대가 있다고 한다. 누군가는 변산반도 일대를 드라이브하다가 만난 예쁜 마을에서 보았다고 한다. 바로 항구 모양이 활처럼 보인다는 연유로 궁항마을로 불리는 격포항이다. 특이한 색깔의 노란 등대와 빨간 등대가 마주하고 있는 풍광이 인상적이었다는 글을 읽었다.

통영의 바닷가에도 항구목인 장좌섬 앞에 노란색 등대가 있다. 또 다른 목격자는 남애3리해변과 바닷가에서 보았다고 한다. 2020년 초 남쪽으로 내민 모래톱과 갯바위에 '바다구름다리'를 곁들여 완공한 제방에 관한 글이다.

2015년부터 5년에 걸친 공사는 77m 방사제와 보도다리를 놓고 백사장 유실을 막기 위한 작업을 했다. 이 방사제는 남애3리해변 남쪽에 있어 남애남방사제라고 부른다. 바람과 파도를 막기 위한 방파제가 아닌 모래 유실을 막기 위한 곳에 노란 등대가 있는 셈이다.

봉포항에도 노란색 등대가 있다고 해서 여러 곳을 검색을 해 보았다. 아마도 이 등대는 많은 사람들이 보지 못한 듯하다. 우선 봉포항이 궁금하여 찾아보니 강원도 고성군 토성면 봉포리에 위치한 어항으로 나온다. 강원도 고성군과 속초시 접경 해안에 있는 아름다운 항과 해수욕장 중 하나가 바로 봉포항이라는 것이다.

이번에 바로 근처까지 갔으면서도 보지 못한 게 아쉽다. 크지 않지만 아주 큰 쉼터 정도의 아늑한 항포구가 있는 곳이 봉포리라고 한다. 바로 이곳에 노란색의 등대가 있다는 목격자의 소개에 가슴이 설렌다. 살펴보니 그가 본 것은 바로 노란색 등표였다.

또 다른 사람의 글과 사진에는 스페인처럼 아름다운 곳이라고 소개한다. 이 여행자의 글과 사진에는 방파제의 모습이 올라와 있다. 몇 개의 테트라포트는 타일 모양으로 꾸며져 있어서 굉장히 아름다웠다는 내용이다.

사진을 따라가 보니 이 여행자들의 눈으로 본 봉포항의 아름다운 카페와 파라솔과 큰 바위 위에서 찍은 바다 배경의 사진을 보았다. 이 여행자들이 서 있는 곳에 펼쳐진 바다 위에 노란색 등표가 있다. 이 노란 등표에 대한 설명이 없었다. 그러나 사진이 찍힌 바다 쪽에 노란색 등표를 볼 수가 있어 감격스러웠다.

충남 서천 마량포구 입구에 위치한 동백나무숲은 이야기로 시작하는 한 여행자가 보여준 노란색 등대가 비로소 흐뭇하다. 누군가는 천연기념물(제169호)인 동백이 아름답다고 한다. 또 다른 여행자들은 홍원항의 방파제와 배들이 멋있다고 한다.

춘장대 해수욕장과 서천해양박물관, 부사방조제, 한산모시관 등이 볼 곳이 많다고 한다. 이제 나의 여행의 시작은 바로 이곳에 있는 노란색 등대를 보기 위함이다. 노란색 등대가 말해주는 언어들처럼 나도 누군가의 통로가 되어 길을 내어주고 싶다.

"나는 길이요 진리요 생명이다"(요 14:6)라고 말씀하셨던 주님처럼 길이 되고 싶다. 그리고 서천 마량포구가 '한국 최초 성경 전래지'라는 사실에 더 관심이 간다. 아펜젤러가 순직한 의미 있는 장소이다. 한국 최초로 '1816년 영국 해군 머레이 멕스웰(Murray Maxwell) 대령이 마량진 첨사 조대복에게 성경을 건네주었다'란 이야기를 고증하는 기념관도 가보고 싶다. 마치 노란색 등대의 역할처럼 길을 내어준 곳에 이미 내 마음은 도착해 버렸다.

녹색 등대의 언어

녹색 등대는 주변에 암초 등이 있으니 조심하고 아예 근처에는 "오지 말라"는 표시다. 포항 호미곶의 녹색 등대가 있는 곳은 일제강점기 때 큰 조난사고가 있던 장소라고 한다. 이 녹색 등대가 아주 빈번히 다녔던 충남 태안 안흥항에 있다.

등대에 관심을 가져 본 적이 없으니 발견하지 못한 것이다. 그래도 이제 아주 잘 아는 곳에 이 친구가 있다니 언제든 갈 수 있을 것 같아 반갑다. 이제 다른 곳에도 이 녹색의 등대가 있는지 다시 검색해 볼 차례다.

녹색 등대의 사명감이 눈물겨워 가까운 항구로 직접 가서 보기로 했다. 달려간 곳은 고산군도의 무녀도에서 제일 먼저 녹색 등대를 만날 수 있었다. 잠시 녹색의 등대를 보기 위해 해변 근처에 차를 멈추고 그녀를 바라보았다. 무녀도는 9천만 년 전에 일어난 화산활동에 의해 형성된 섬이라고 나온다.

가까이에 보이는 쥐똥섬 너머로 노랑과 검정색 줄무늬의 등대도 보인다. 해변 주변으로 예쁜 카페들이 있어 들어가 보니 무녀2구마을버스를 개조해서 카페 장소로 단장을 했다. 올라가 보니 노 운전수가 고향길을 달리기라도 할 듯 낡은 운전석이 친근하다.

선유도해수욕장에 도착하니 수많은 인파가 몰려와 벌써 바다에 입수까지 하고 있다. 여러 대의 관광버스와 자동차들이 주차된 곳을 돌아 데크 길 주변으로 올라와 다시 한번 녹색의 등대를 바라보았다. 페인트가 벗겨져서 낡고 오래된 녹색의 등대가 늙으신 어머니의 모습처럼 바다를 오고 가는 배들을 지키고 있다.

선유도 해변에서만 4개의 녹색 등대가 바다에 서 있다. 주변의 아름다운 섬들이 병풍처럼 둘러서서 아늑하고 몽롱한 바다를 선보인다. 이런 곳에 위험한 암초가 너무 많은 탓인지 녹색 등대가 제법 많다.

장자도를 향해 달려가 할매바위 전설이 있는 대장봉 앞에 서서 다시 녹색의 등대를 바라보았다. 대장봉에 올라가서 녹색 등대들의 위치를 보고자 했으나 너무 늦은 시간이라 포기하고 내려왔다.

언제 올지 몰라 아쉬운 마음에 작은 배를 타고 직접 녹색 등대 가까이 가보고 싶었다. 고기를 잡기 위한 낚시의 유흥도 아니고 섬의 비경을 보기 위한 것도 아니라는 말에 선장이 의아해한다. 무조건 등대 주변 가까이 가자고 하여 해넘이 전에 배에 오르게 되었다.

녹색 등대 가까이 가서 바라보니 엄숙하고 마음이 무겁다. 반가운 마음에 소리도 쳐보고 말을 걸어보지만 차가운 기운만 감돈다. 저 얼어붙은 비장한 마음을 어찌 어루만질 수 있으랴! 또 다른 녹색 등대, 아니 등표라는 말이 옳을 것이다.

위험한 곳에 떠 있거나 암초 위에 세워진 곳으로 달려가니 선유도에 있는 작은 인어등대가 보인다. 하얀 인어의 모습으로 세워진 등대가 아담하게 석상 위에 가파른 곳에 기도하는 모습으로 서 있다.

직접 가까이서 눈으로 보고 사진을 찍은 목격자들도 있지만 나는 배를 타고 그녀를 본다. 바다 주변의 녹색 등대를 관망하고 돌아서 선유도3구로 돌아오니 빨간손 등대가 보인다. 손톱 모양은 유리창으로 만들어지고 두 손을 포개어 기도하는 등대이다. 맞은편 바다에는 큰 파도의 세력을 막기 위해 녹색과 빨간색의 등대가 방파제 위에 서 있다. 7개 이상의 녹색 등대와 어우러진 이색의 등대를 볼 수 있어 만족스러웠다.

돌아오는 길 해넘이휴게소에서 바다를 사랑하는 여행객들이, 새만금다리 위에서 지는 해를 바라보고 있다. 끝도 보이지 않는 교량이 바다를 가로질러 달리는 기분은 한 마리의 기러기가 된 것 같다. 마치 바다를 정원처럼 달리는 기분이 들기도 한다.

그런 마음으로 바라보니 흰 교량이 하얀 의자처럼 바다 위에 떠 있는 것으로 보인다. 얼마나 아름다운 모습인지 구름 속에서 내려온 선녀다리 같다. 바다 한가운데 양 끝이 휘어진 모양의 긴 의자형태의 교량이 한 폭의 그림처럼 걸려있다. 비응항을 지나다 보니 흰 등대와 마주 서 있는 빨간 등대에 불이 들어와 반짝이기 시작한다.

하멜등대로 유명한 여수와 부산에서도 녹색 등대가 있다고 한다. 목포지방해양수산청이 완도군 약산면 인근 해역 간출암에 설치한 녹색 등대(등표)도 있다. 이 간출암은 썰물 때는 보이고 밀물 때는 잠기는 바위라서 만조나 안개가 낀 경우 조업하는 어선들의 위험요소가 되었다.

철근콘크리트 구조로 설치된 등대의 불빛이 15km를 밝히게 되어 안전망을 구축하게 된다. 녹색 등대의 특별한 임무는 다른 사람의 생명을 위해 스스로가 위험한 곳에 서 있는 것이다.

스스로의 몸을 던짐으로 사고를 방지하기 위해 당할 위험들을 막아내고 있다. 녹색 등대의 그 강인함과 생명력은 빨간색 등대나 흰색 등대나 노란색 등대보다 우월하다. 빨간색 우체통과 등대는 닮아 있다. 어디론가 수많은 소식을 전달하는 삶의 대변자들에게 무한한 신뢰가 생긴다.

등대 앞에 서면 쓰지도 않던 편지를 쓰고 싶은 마음들이 생긴 탓인지 등대에 낙서를 한다. 기둥들이 해어지고 훼손되는 것을 막고자 생긴 포항 낙서등대가 있다. 하부에 흰색의 낙서판을 설치하여 훼손되는 것을 방지하기 위해서 흰색과 붉은색이 공존하는 등대이다.

등대를 부정적 이미지로 사용하는 경우는 위메이드 게임회사로 판교의 등대라고 한다. 밤이 되어도 불이 꺼지지 않고 야근을 하는 데서 비롯되었다고 한다. 덕분에 이미지 쇄신을 통해 코로나 이후 자택근무와 각종 복지혜택으로 탈바꿈하면서 긍정적인 등대 이미지로 부각되었다.

또 다른 게임회사로 '넷마블'의 야근 중이라는 말을 구로의 등대라고 부른다. 직원들의 과로사로 야근을 금지하겠다고 2017년 선언한 이후에도 구로의 등대 이미지는 부정적인 면을 벗지 못한 것 같다. 등대의 의미와 색깔이 주는 침묵의 언어는 길을 찾아 항구로 들어오는 배들에게 문지기가 된 수호성인 같다는 생각이 든다.

하나의 빛을 발하는 조형물이나 건축물인 등대가 단순한 안전만을 표방하는 것이 아니었다. 인간의 뜻을 대변하고 자신의 임무를 수행하는 신호가 없다면 등대는 건물일 뿐이다. 그러나 등대는 위험을 알리기 위해 초 단위로 불을 밝히며 생명을 보호하는 역할자이다. 등대는 나의 어머니의 마음과 닮아있다. 바다의 세계를 항해하는 수많은 배들이 항구에 들어오기까지 문 앞에 서서 불을 밝히고 기다리는 어머니와 닮아있다.

나는 문득 생각을 해 본다. 내가 등대라면 빨간색일까? 흰색일까? 노란색일까? 녹색일까? 등대가 나에게 말을 걸어온 것만 같다. 어떤 힘이 나로 고군산군도에 이르게 한 것일까? 베트남의 하롱베이보다 더 신비하고 생동감 넘치는 바다를 본 것이다.

김양식장의 아름다운 부표가 석양에 바다의 꽃처럼 떠 있다. 등대가 자신들이 목숨 바쳐 지키는 영역으로 초청한 것이다. 그리고 세상을 향해 예수 그리스도의 빛이 반짝이고 있는지 내게 묻고 있는 것 같다.

4부
바다의 숲

여름 바다의 풍경들
여름이라는 아름다운 별
여름의 추억(꽃)
가을에 일어서는 풀꽃

여름 바다의 풍경들

갈매기 가족이 되어 본 아침

이른 아침 태양이 희미하게 어둠을 거둬내고 빛을 비추고 있다. 이미 귓가에는 갈매기의 노랫소리가 들린다. 창가 이름 모를 무성한 나뭇가지에 참새들이 날아다니는 노래가 경쾌하다. 창가에 두 마리가 수줍게 앉았다가 포로롱 날아가 버렸다.

이른 아침에 이런 신선한 바다의 공기와 생물들의 소리에 깨어나는 일에 행복한 미소가 번진다. 마음도 웃고 온 피부가 이런 여유로움으로 유연해지는 건 몸이 웃고 있다는 증거다.

한 마리 들고양이가 1층에서 2층을 올려다보고 있다. 먹을 것을 던져주니 도망가지 않고 먹고 있다. 경계심 없이 마음을 열고 다가오는 이웃이 좋다.

둔탁하게 비행하는 갈매기도 물 위를 날며 여행객의 창가를 향해 말을 건넨다. 생각지도 않은 인연들이 내 주위에서 뛰놀며 노래하고 속삭여 주는 호흡을 마주한다. 이 얼마나 아름다운 천상의 소리들인가? 분주한 삶 속에서 들을 수 없던 소리를 바다에 와서 조개보다 먼저 줍는다.

내 마음의 바구니에 이미 바다 물결 소리며 갈매기의 탁한 목소리와 참새들의 여린 음성들이 가득하다. 부부간의 정이 돈독하다고 알려진 갈매기들은 한 마리가 죽으면 다시 짝을 찾지 않는다고 한다. 사랑의 의리가 있는 갈매기의 노래가 어둠의 이불을 걷어내고 바다의 기운을 마시게 한다. 그녀의 음성이 둔탁한 이유가 조개잡이로 인한 노동의 피로일까 생각해 본다.

아침 햇살이 이미 창가를 두드리며 식탁 위를 채우고 있다. 이렇게 햇살이 손을 뻗어 내게 간지러움을 피우는 느낌을 받는 순간 마음도 꽃처럼 피어난다. 창가에서 내려다보니 10미터 거리의 바닷물이 아직도 만조 상태이다.

멀리서 병풍처럼 둘러선 바다의 섬들이 물 밖으로 나오고 싶은 듯이 바라보고 있다. 나도 그들을 바라보며 물소리에 귀를 기울인다. 안전이 보장된다면 나도 배를 타고 먼바다에 서 있는 섬에 가보고 싶다. 그러나 여기 이렇게 서서 그리워만 할 뿐이다. 바다가 내어 주는 보물들을 사랑하는 작은 탐색가일 뿐이다.

아침을 먹고 나니 어느새 만조의 물이 넓은 운동장을 드러내 놓고 물러가 있었다. 이제 맘껏 그들의 영역으로 뛰어 들어가 체험할 시간이다. 손재주도 별로 없으면서 큰 백합조개를 캐려는 소망에 마음이 늘 설렌다. 조개 씨를 뿌린 갯벌이라서 아무것도 모르는 나도 한 바구니는 캘 수 있는 곳이다.

갈매기들도 조개를 주워 먹으려고 무리 지어 모랫바닥을 부지런히 살핀다. 힘든 줄도 모르고 모랫바닥을 긁고 보니 백합조개를 15마리나 잡았다. 작은 동죽은 다시 모래 위에 던져 놓고 큰 동죽만 골라보니 한 바구니가 넘는다. 물이 들어오는 신호에 조개잡이를 멈추고 돌아서니 온몸이 뻐근하다. 노동으로 쉰 목소리가 나와도 갈매기 가족이 된 자연의 하루가 기쁘다.

조개의 귀족 백합조개잡이

백합은 나에게도 와 주었다. 체험 쪽에는 재주가 없던 나도 드디어 아기 주먹만 한 백합조개를 캐낸 것이다.

호미로 모랫바닥을 긁다 보면 무언가 선명한 소리가 들린다. 그런 소리 중에 무언가 묵직한 것에 부닥친 소리가 참으로 가슴이 벅차오른다. 다시 한번 주변을 캐보면 크고 묵직한 백합조개가 나온다.

하나를 캘 때마다 다시 주변을 찾아보지만 특이하게도 백합조개는 무리 지어 있지 않았다. 모양도 독특하고 두꺼운 모양의 조개는 모래 속 자기 영역 안에 자리를 잡고 있다. 동죽이 무리 지어 파묻혀있는 습성과는 정반대라서 많은 인내와 노력 끝에 만날 수 있는 조개이다.

백합조개를 캘 때마다 조용히 마음속으로 외친다. 이럴 땐 심마니의 심정으로 돌아가게 된다. 조개의 귀족이라고도 불릴 만한 백합조개를 캘 때마다 사실은 경외심마저 든다. 무엇인가에 감사하지 않을 수가 없다. 그리고 사실 더 욕심이 나게 되어 하나만 더 캐었으면 하고 손에 힘을 준다. 그럴 때는 영락없이 잠시 후에 지쳐서 그만두게 된다.

그때 힘없이 옆 모래를 긁는 순간 선명한 울림이 있다. 작거나 더 큰 백합조개를 다시 만날 수 있는 순간의 희열을 숨길 수가 없게 된다. 이때마다 나는 백합조개 하나에 하나의 얼굴을 떠올린다. 이것은 내 것이 아니라는 마음으로 주인을 정한다. 그렇게 수없이 마음을 조율하는 작업이 나의 백합조개잡이다.

백합조개는 단단한 육질을 가지고 있어서인지 국물이 시원하고 색깔이 사골 국물처럼 뽀얗다. 맛이 뛰어나 전복에 견줄 만하며, 옛날 황진이도 이 백합조개의 맛에 반했다는 이야기가 전해온다. 조선시대에는 임금님 수라상에 오를 만큼 조개의 귀족으로 대우받은 것 같다.

백합조개는 두 손을 포개어 공기를 모은 불룩한 모양으로 껍데기가 굵고 단단하다. 껍데기 위에 줄무늬가 선명하게 그려져 있는데 모양이 각기 달라 백 가지의 형태라 하여 붙여진 이름이라고 한다. 이 껍데기를 건조하여 장식용으로 사용하면 늘 바다를 기억하는 삶으로 가꿔준다.

집으로 돌아오는 길에 감격도 잠시 백합조개를 해감하여 먹는 과정이 마음에 좀 번거로워졌다. 그래도 처음 많이 잡아 본 감격에 알려주는 대로 해감을 해 보았다. 여름날 부패할 염려 없이 냉장고에 검정 비닐로 씌워 모래를 뱉은 조개를 냉동고에 보관했다.

며칠 후에 오게 될 어린이랑 몸이 아픈 장로님이랑 나눠드릴 맘을 정리하니 어머니의 마음을 가질 수 있었다. 다른 분들의 백합과 동죽이 해감을 하고 지인들과 칼국수 잔치를 하니 여름의 문턱에 도착한 것 같다.

백합꽃을 닮았다는 조개를 하나 캘 때마다 한 사람의 이름을 부르며 먹일 생각을 했다. 마음으로 하지 않는 일은 나에게 어울리지 않는 삶의 방향인 것 같다. 나의 삶이 어려운 것은 이런 관점에서 끊임없는 조율이 필요하기 때문이다.

단순한 조개잡이를 하루의 오락처럼 즐길 수 있는 일도 내게는 마음의 노동이 필요하다. 백합 하나를 캐면서도 내가 먹을 수가 없었다. 누군가를 위해 선물해 주지 않으면 안 된다는 생각으로 잡게 된다. 아마 나의 어머니도 이런 마음으로 조개를 잡았을 심정을 비로소 읽게 된다. 여름으로 가는 바다에서 어머니 마음이 되는 길을 걸어보았다. 나의 메마른 마음에 어머니 같은 사랑의 밀물이 가득 차오르는 체험이었다.

신두리 사구를 기억하며

수련회 장소를 찾아서 이곳저곳 답사하며 하루를 묵은 갯벌체험으로 모든 일정이 마무리된 듯했다. 대학생들의 모임 장소로 최근 좋다는 평이 있는 태안 원북의 리조트

답사도 종료한 상태였다. 추천받은 장소를 굳이 달려가 본 이유는 하나라도 놓치고 싶지 않은 마음이었다.

해마다 여름이면 교회 학생, 청년수련회로 하루를 바다에서 자연과의 교감을 나누고 있다. 올해는 색다른 장소를 찾아보려는 마음에 적절한 장소를 미리 답사하게 된 것이다. 가는 길만 해도 약 3시간 이상 소요되는 장소에 가서 침실 상태와 주변 바다와의 경관을 탐색하는 의무를 굳이 떠맡았다.

멋진 장소라는 생각이 들 만큼 바다는 코앞에서 접근이 가능했다. 아니 푸른 물결이 출렁이는 것만 해도 사실 아무것도 보이지 않고 그냥 넋이 나간다. 좋은 숙소이다 보니 가격도 비싸고 풀장도 두 개나 마련되어 있다. 담당자가 열심히 풀장을 청소하고 손님맞이할 준비를 하는 걸 보니 나도 덩달아 신이 났다.

그러나 막상 마음을 정하려고 보니 바다는 갯벌이라서 물이 약간 회색빛이다. 안내문에는 신발을 신고 들어가라는 문구가 써있다. 바다는 눈앞에 있지만 수영할 수 없는 위험한 장소였다. 선택할 수 없는 조건이 되고 보니 피곤이 급속하게 몰려왔다.

다음 날 또 다른 장소로 추천받은 곳을 영상으로 검색

해 보니 환상적이다. 바로 고향 바다 근처인 세계적인 해안 사구에 속하는 신두리해변이었다. 이런 장소에 아름다운 리조트들이 즐비하다는 소식에 한걸음에 달려갔다.

일행들과 함께 기꺼이 바다 음식을 찾아 생선구이 집에서 점심을 먹었다. 고등어며 참치와 갈치가 화덕에 구워져 나와 푸짐한 한 상이 차려졌다. 먹고 보니 제주산 갈치가 아니라서 크지만 맛은 우리의 입맛을 만족시켜 주지 못했다. 먹거리조차 바다의 것을 선호하는 우리 일행이 얼마나 행복한 교감인지 알 수가 없다.

언제나 그리운 고향의 바다에 도착하여 주변 리조트를 답사해 보았다. 코로나 이후 사용하지 않은 탓인지 객실마다 오래된 냄새며 영상에서의 신선한 분위기와는 전혀 다른 모습이었다.

무엇보다 놀라운 사실은 예전보다 건물들이 도로 뒤편으로 많이 들어섰다는 것이다. 바다 쪽을 향한 도로변에 리조트들이 들어서서 그런대로 아름다운 모습을 하고 있었다. 환경단체의 우려할 목소리조차 작게 들릴 만큼의 경관들이었다.

그러나 이번에 와서 보니 육지 쪽으로 나 있는 도로변

에 펼쳐진 사구의 모습이 보이질 않았다. 많은 건물들이 들어선 곳에 사구의 자연이 품어내는 안식처가 보이질 않았다. 순간 마음속 고향 해변의 지도가 엉망이 되어 버렸다.

제주시 삼양해변의 검은 모래, 화순해변의 금모래, 중문색달해변의 오색 모래 해변은 제주도가 2007년 세계자연유산으로 등재되는 중요한 역할을 했다. 자연방파제인 해안사구는 이곳에 사는 생물들을 위해서도 반드시 보호되어야 한다. 그러나 해안사구는 과거에 비해 70% 이상이 훼손되었다는 보고가 있다.

사구의 훼손은 모래의 유실과 인공구조물들로 인해 발생한다. 바람과 모래가 만들어 놓은 살아 숨 쉬는 자연의 길을 사람이 지나치게 간섭할 수는 없을 것이다. 한 걸음 뒤로 물러나서 자연과 조화를 이루고 살아가는 마음을 배워야 자연을 더 이상 잃는 아픔을 막을 것 같다.

잠시 바다를 향해 오픈 된 테이블이 놓여진 카페에서 바다를 바라보고 있었다. 고운 모래사장이 그날따라 간조가 길어 넓게 드러나 있다. 여름으로 가는 기온 차이일까 바다 구름 같기도 한 안개가 연기처럼 밀려온다. 마치 바다가 사람들을 만지기라도 하듯이 연기처럼 날아와 눈앞에서 사라진다. 하염없이 바다를 바라보니 많은 섬들이 바다 끝에 둘러서서 우리를 마주한다.

바다 한가운데 녹색의 등대가 서 있다. 예전에는 보지 못했던 등대가 이제는 눈에 보인다. 사람은 아는 것만큼 보인다는 말이 사실인 것 같다. 자연의 소리가 들리지 않는다면 우리는 그냥 본능으로 질주하게 될 것이다. 그리고 얼마 후 인류는 막다른 골목에 서 있을 수도 있다.

옛 그림이 지워져 가는 사구 해변을 자꾸만 둘러보게 된다. 결국 다른 곳으로 수련회 장소를 예약하고 나니 옛 고향은 추억 속에만 존재하는 것 같다. 자연을 보존한다는 것은 일상의 책무가 아니라도 마음의 숙제로 가다듬어 갈 일이다. 쉽게 소멸되고 사라져 가는 자연은 정상이 아니다.

자연은 신과 함께 영원한 세계에서 걸어 나온 변함없는 존재로만 생각했었다. 이것은 미련한 나만의 생각이었을까? 올해의 봄은 지난해의 봄과 닮아있지 않았다. 철마다 예측할 수 없는 자연을 만나고 있다. 내가 할 수 있는 일은 그들의 모습을 기억으로 붙들고 있을 뿐이다. 기억마저 사라질 것 같은 안타까운 마음이 드니 풀 한 포기조차 소중해진다.

여름을 닮은 문인들

기독교문인협회 제43회 문학사랑방과 제24회 문학기행차 춘천에서의 일정이 다가왔다. 대전에서 이른 아침 서울 양재역까지 가는 것이 무리일 듯하여 하루 전에 올라갔다. 시도 배울 겸 서울 양재역 근처 더-K호텔에 머물기로 했다. 카페에서 시 공부를 마치고 작은 호텔식 뷔페로 만찬을 즐겼다. 꼭 필요한 음식과 질 좋은 재료들이 주는 풍미는 상술적인 조미의 맛이 아니었다.

김경희 장로님이 함께 동행하여 식사며 잠자리까지 살펴주니 좋은 친구를 얻은 것처럼 행복하고 든든하다. 나이는 나보다 한 살 많지만 늘 마음과 눈에 따뜻한 사랑의 빛과 존경의 빛이 들어있다. 이런 눈빛을 가진 그녀는 무조건적인 사랑과 신뢰를 보내준다.

다음 날 아침, 출발장소까지는 도보로 15분 정도면 충분하다는 장로님의 안내를 따랐다. 매일 출퇴근하는 서울시민들의 삶의 공기를 마시듯 나도 씩씩하게 걷고 싶었다. 배낭을 메고 가볍게 패브릭 손가방을 든 정도였다. 양재시민의숲 공원이 잘 조성된 도로를 걷다 보니 메타쉐콰이어나무들이 무성하게 자라고 있다.

뜨거운 여름이면 유럽으로 성지 순례를 다니던 현장

속으로 들어온 듯 매우 이국적인 아침의 산책이었다. 서울의 공원과 도로들이 매우 아름다워 오천 보라는 걸음을 피곤한 줄도 모르고 걸었다. 그녀의 거짓말과 오류에도 선한 눈빛 때문에 화가 나지 않았다.

차에 오르니 귀한 문인들이 벌써 자리를 잡고 계셨다. 105년 된 춘천안디옥교회(구 남춘천교회)까지 차 안에서 시 낭송이 이어졌다. 전날 배운 시의 상징성과 이미지화의 작업을 중심으로 귀를 열고 들었다. 참으로 아무것도 모를 때, 시는 쉽게 쓸 수 있을 것이라는 마음으로 시인이 되는 꿈을 꾸었다.

시를 어떻게 써야 하는지 단 두어 시간의 강의에도 불구하고 시어가 들리고, 좋은 시도 보인다. 형식에 합당한 시가 얼마나 어려운가를 알게 되었다. 교만한 마음을 부끄럽게 생각하다 보니 역사적인 교회 앞에 이르렀다. 유진형 목사님이 34년간 시무하면서 현재의 대형교회로 부흥시킨 후 현재는 이준복 목사님이 사역 중인 역사적인 교회이다.

교회가 겪은 역사의 고난 앞에 예배가 중단되는 아픔 속에서도 오늘날의 위치로 성장할 수 있는 믿음의 기적을 듣게 된다. 차 안에서 시작한 시와 수필 낭송을 마무리

하면서 문학사랑방도 의미를 더해간다. 문자로 보는 시와 소리로 듣는 시들이 마음속에서, 귓속에서 뜨거운 여름처럼 온도가 높아진다.

시 낭송은 자신이 발견한 언어와 고운 삶의 열정들로 꽃을 피웠다. 오찬으로 들른 오리집 가든의 나리꽃들이 사람 키만큼 커서 손님을 맞이한다. 나리꽃의 향기는 시어처럼 더욱 아름답게 마음을 흔들어 놓는다. 때로는 말보다 향기가 더 사람의 마음을 위로한다는 느낌이 맞는 것 같다. 나리꽃 옆으로 가서 사진들을 찍는다. 술을 마시지 않아도 나리꽃의 짙은 향기가 나를 취하게 만든다.

여름 햇살처럼 뜨겁게 살다 간 김유정의 문학관을 일행보다 앞서 들렀다. 그의 짧은 인생은 여름 바다와 닮아 있다. 그의 삶의 역경은 그에게 어쩌면 필연으로 적용된 섭리인 것 같다.

그가 박녹주라는 어여쁜 연상의 기생을 짝사랑하는 일에 거듭 실패한다. 불가능한 사랑의 연주는 불협화음처럼 그를 고통에 빠트리기도 한다. 사랑이 주는 슬픔의 깊이에는 그가 사랑하는 법을 배우지 못한 탓에 글을 쓴다는 것만이 피난처가 되었을 것이다.

많은 가산을 탕진한 무책임한 형으로 인해 그는 인생의 쓰디쓴 체험을 경험하게 된다. 그러나 지혜가 번득이는 김유정은 이러한 삶이 주는 독소들이 독버섯처럼 문학의 꽃을 피워낸 힘이 되었다. 그는 원치 않는 불치의 폐결핵을 앓는 불행한 삶 속에서, 생명의 심지가 꺼져가는 순간에도 글을 쓰게 된다.

1937년 3월 29일에 폐결핵과 치루가 주는 고통 속에서 29세의 짧은 생을 마감한다. 구인회에서 만나 친한 친구가 된 이상은 김유정을 존경했다고 한다. 그런 만남을 통해 텅 빈 가슴을 채울 빛으로 찾아온 소설가이며 시인인 이상 친구도 결핵환자였다.

이상은 김유정에게 함께 동반자살을 하자고 권유했다고 한다. 그건 병이라는 적군에게 무너지고 싶지 않았던 생명을 사랑하는 문인들만의 표현임을 알고 나니 목이 메어온다. 그런 이상은 김유정이 떠난 뒤 19일 후인 4월 17일 도쿄에서 폐결핵으로 그의 생을 마감한다.

그는 부모와 형제의 사랑과 여유로운 삶과 건강을 잃었지만 혼이 살아서 오늘에까지 이른다. 꺾이지 않는 삶이 무엇인지 힘없는 청춘들에게 호령하는 것 같다. 그의 문학적인 삶이 번개처럼 번쩍이는 울림을 주고 있기 때문이다. 그 번개 같은 삶이 불과 2년 남짓한 작가 생활을 통해 단편소설 31편과 수필 11편을 남겼다는 데 있다.

일제강점기라는 고통의 시대와 사랑을 충분히 받지 못해 말더듬이의 버릇과 불치의 병들이 그를 죽음으로 몰고 가더라도 문학을 통해 숨을 쉬는 법을 배운 것이다. 문학은 그에게 숨이고 안식이고 사랑이고 생명이고 빛이고 전부였다. 짧은 인생길에 죽음의 그림자를 문학이라는 뜨거운 태양으로 맞선 그가 그립다. 그의 가치관인 '겸허'는 김유정의 다른 이름으로 내 마음속에서 부르는 별이 되었다.

여름이라는 아름다운 별

수국의 별에 사는 어린 왕자

올해도 수국꽃은 아름다운 세상을 수놓으려고 절정을 이루고 있을 때이다. 해마다 수국이 피는 계절이면 몸살을 한다. 그들을 보는 것은 큰 기쁨이고 위안이며 지혜를 얻는다. 전국에서 수국 축제 소식이 전해지면 소풍을 가고 싶어진다. 어린아이처럼 들뜬 기분으로 살다 보면 어려운 일들도 쉽게 매듭을 짓게 된다.

수국꽃을 만나러 갈 생각만 해도 가슴이 뛰고 삶이 환희로 바뀐다. 뜻밖에, 태안에 오래된 수국 정원이 있다는 정보에 찾아갔다. 수국의 문으로 들어가는 절차를 밟고 조용히 그들의 세상으로 들어갔다. 제주도에 핀 푸른 물결의 수국은 수많은 언어들이 깨어지고 깊은 침묵의 소리와 가슴을 녹이는 감흥을 받은 곳이다.

그러나 이곳은 오랜 수국의 도시같이 꽃이 전달하는 언어가 또 다른 느낌이다. 부족함이 없는 풍요한 수국의 모습들이 다양하게 어우러져 있다. 온갖 종류의 수국들이 돌담처럼 길게 수없이 늘어져 있다. 푸른 벽돌을 쌓아 놓은 듯이 웅장한 길을 만들어 놓았다.

하얀 수국밭으로 가서는 천사처럼 팔을 벌려 사진을 찍는다. 그냥 그들 곁에 서기만 해도 하얀 신부가 된다. 오고 가는 사람들에게 말을 건넨다. 꽃처럼 화사해 보이고 두려움이 느껴지지 않아서 인사를 한다. 다들 어여쁜 사람들로 보인다. 꽃을 찾는 사람들 마음속에 악한 마음이 없는 탓인지 꽃처럼 인사를 하게 된다.

수국의 모양들은 우주를 닮아 있다. 별꽃 모양 수국의 수술은 푸른 꽃잎 안에 흰색의 돌기가 돋아나 있다. 그 주위로 푸른빛 꽃잎이 감싸고 있다. 이런 수국꽃은 밤하늘에서 폭죽 소리와 함께 울려 퍼지는 불꽃과 닮아 있다.

옹기종기 작은 꽃송이들이 가득 뭉쳐있는 주변으로 큰 푸른빛의 꽃잎으로 감싸여 있다. 바라만 보아도 황홀하다. 색깔에 감탄이 나오고 우주를 축소한 것 같은 모양에 신비감을 느낀다. 한 몸에서 피는 꽃인데도 가운데

부분은 작은 꽃잎들이 뭉쳐 있다. 색깔도 다양해서 모두 푸른 하늘빛이거나 분홍빛, 흰빛이기도 하다. 그러다가도 푸른 꽃방울이 돌기처럼 돋아난 주변을 흰꽃잎으로 단장한 모양들이 다 산수국 종류들이다.

나비 모양의 꽃잎으로 한 몸에 보랏빛과 흰빛, 분홍빛을 가진 욕심 많은 수국도 보인다. 화려한 수국의 종류를 다 갖춘 정원에 들어온 기분이다. 이 정원에 들어오는 사람들은 분명 수국의 나라를 보았다고 말할 것이다. 이렇게 불릴 만큼 오랫동안 돌보신 분의 수고를 생각해 보면 이 수국들은 분명 그분의 자식 같은 존재일 것이다.

어떤 가치를 창출하든 그는 수국을 자식처럼 키워 많은 사람에게 사랑을 받게 한다. 그는 평생 꿈속을 거니는 소년 같을 것이다. 수국정원에 작은 펜션들이 모두 어린 왕자를 상징하는 문양과 집들로 꾸민 것을 보아도 그렇다. 들어올 때부터 뜨거운 태양 아래 정원 한 곁에서 풀을 뽑고 열심히 손질하시는 분이 주인처럼 보였다. 상상한 만큼 어린 왕자를 닮은 소년은 아니다.

그러나 그의 마음속에는 이 정원보다 더 큰 수국의 나라가 들어 있는 것 같다. 자식처럼 아름다운 꽃들을 키우고 가꾸는 일생의 수고에 대한 보상은 안쓰럽게도 노동자의 모습뿐이다. 그러나 그는 나그네들을 우주 공간으로 잠시 이동시키며 어린 왕자의 마음을 만지게 한다. 그는 수국과 어린 왕자를 만나게 해 주었다.

그가 노동자가 되어도 좋은 것은 그가 가꾼 수국의 정원에 어린 왕자가 사는 별나라를 만들어 놓았기 때문일 것이다. '오직 마음으로 보아야 잘 보인다'는 어린 왕자의 말을 배우고 간다. 그런 눈으로 본다면 이 노동자가 수국의 별나라에 사는 어린 왕자인 것이다. 바로 수국이라는 '장미'에 물을 주고 '길들이는' 가장 소중한 관계를 맺고 있기 때문이다.

작은 언덕에 내려온 꽃 세상

열기가 식은 오후에 책상에 붙어 있는 나를 이끌어 주차장 한 바퀴라도 걸어야 했다. 비가 내렸다 그치기를 반복했던 날이 좀처럼 그치지 않는 장마의 막바지 시간을 버텨내고만 있었다. 오후의 날씨조차 습도가 많아 몸에 물기가 묻어나고 모기떼가 습격하기 좋은 시간이었다.

거의 종일 책상에 붙어 있으려니 사물이 선명해 보이질 않았다. 그 시간까지 화단을 가꾸시던 김기환 권사님께서 나를 불러 세우신다. 여기 이렇게 예쁜 꽃들이 있으니 한번 와서 보라고 하신다.

꽃을 사랑하셔서 주차장 군데군데 꽃들을 줄 세워 심으시고 동산까지 꾸며 놓으셨던 것이다. 저녁 그늘에 눈을 뜨는 분꽃이 화사하게 얼굴을 펼치고 바라보고 있다. 순간 분꽃이 화려한 단장을 하고 마중 나온 것 같아 반갑고도 미안했다.

주차장 작은 언덕에 분꽃들과 여러 종류의 화려한 꽃들이 곱게 피어 있다. 스쳐 지나가면서 꽃들이 자라고 있는 것을 눈치는 챘지만 정작 그들의 모습을 가까이 바라보지는 못했다. 커다란 해바라기는 이미 무거운 씨앗을 품고 고개를 숙이고 익어가고 있다.

다알리아는 더욱 화려한 색깔과 모양으로 아름다운 세상을 만들어 놓았다. 그들이 가꾸어 놓은 세상엔 아름다운 무엇인가가 있다. 꽃들의 모양과 색깔만으로도 신비한 감동과 사랑스러움을 일으키기 때문이다. 순간 침침했던 눈이 밝아져서 내 눈에 꽃들이 들어온다. 내 눈으로 꽃들의 이미지가 박히고 나의 머리는 반짝인다. 순간 머리의 두통이 사라지듯 상쾌하다.

작은 화단을 장식하는 꽃은 여전히 우리 권사님이

제일 좋아하는 백일홍이다. 꽃이 너무 화려하고 눈이 부셔서 처음에는 가까이 갈 수 없었다. 자세히 볼수록 뜨거운 태양을 닮은 꽃처럼 여름 내내 피어있다. 색깔은 페인트를 덧칠한 것 같은 인공적인 색감에 부담이 가기도 했다.

너무 화려한 꽃말은 뜻밖에도 '천진난만, 순진함, 인내'라고 한다. 강렬한 태양 아래 피어나는 여름 꽃으로 백일홍은 어쩌면 땅 위의 태양인지도 모르겠다. 뜨거운 여름 태양 아래 지칠 줄 모르고 꽃잎을 피워 천진난만한 자기들의 세상을 만들었다. 들여다볼수록 참으로 강한 모양을 가지고 있다.

백일홍은 자신의 몸을 화려한 색감으로 물들이고 있다. 붉은색이 예쁜가 하면 그 옆에 노란색이 눈부시게 피어 있다. 순진함을 표현하듯 흰색의 백일홍은 수많은 꽃잎들이 겹쳐 서서 여덟 겹 모양으로 피어 있다. 노란색 백일홍의 수술은 솔방울 크기만큼 탐스럽게 부풀어 있기도 하다.

자주꽃 백일홍은 수술 주위에 개나리꽃 모양으로 테두리를 둘러놓았다. 꽃 한 송이마다 이야기가 다르게 피어있다. 여러 문양의 또 다른 작은 꽃모양과 수술들로 장식해 놓은 신의 작품을 감상하게 된다. 태양보다 더 뜨겁게 피어난 여름 꽃이라서 천진난만하기도 하고 순진함이 묻어있는가 보다.

그 주변으로 하늘바라기 노란 꽃들이 줄지어 나란히 피어 있다. 낮은 키로 백일홍의 발등을 덮어 주며 서로를 보듬고 있는 아름다운 꽃동산이다.

다알리아꽃들이 한 무리 분꽃 주위로 고개를 들어 웃고 있다. 진달래꽃처럼 동정심과 연민을 느끼게 하는 분꽃의 무리 속에서도 그 아름다움은 우월하다. 꽃잎이 크고 밝으면서도 부담감보다는 오랜 친구처럼 친근함을 선사한다.

백일홍과 비슷한 모양 같지만 다알리아의 여러 모양이 백일홍보다 더 편안하다. 특이하게 다알리아를 보고 있노라면 평안한 기운을 받는다. 백일홍을 보면 너무 완벽한 태양의 에너지와 같은 구속적 감정을 느끼게 된다. 반면 이 다알리아는 자연스럽고 평안한 마음을 느끼게 하여 꽃말을 찾아보았다.

분홍색 다알리아의 꽃말은 우아함, 부드러움과 여성스러움을 상징하고 있다. 빨강색은 열정, 애정을 뜻하며, 하얀색은 순수함, 새로운 시작을 의미하여 결혼식에서 사랑의 순수함으로 사용되기도 한다. 노란색은 행복과 기쁨, 긍정적인 에너지나 우정을 뜻하고 있다. 오렌지색은 열정과 창의성으로 삶에 대한 활기찬 기백을 뜻한다.

보라색은 왕족, 위엄, 우아함으로 고급스러움과 세련됨을 상징한다. 일반적으로 다알리아는 감사, 우아, 화려함의 의미로 알려져 있다. '흰색의 다알리아는 친절에 감사한다는 의미로 쓰이기도 한다. 적색은 당신의 사랑이 나를 행복하게 합니다'라는 의미 등 다양한 표현이다. 따뜻함의 매개체임에 편안을 공감한 것 같다.

꽃들은 혼자만의 세상을 만들지 않는다. 뜨거운 여름날을 식히는 매미들의 노래 연주가 있다. 이른 새벽부터 창가에서 매미의 합창이 시작되는 날 나뭇가지들도 아름다운 소리로 아침을 맞이한다.

창문 밖에서 여름날이 아름답게 수놓아져 펼쳐지는데도 방 안에 앉아 시간과 싸우는 일을 하는 나를 그들의 세계로 초대한다. 내 주변 가까이 이런 자연의 조화와 계절의 아름다움을 맛보는 것은 삶의 풍성한 소득이다.

태양의 열기가 한증막 기운처럼 불어와도 여름에만 볼 수 있는 소리와 꽃들의 세상을 누리게 한다. 마음으로는 이미 여름의 산과 들과 바다에 수없이 달려가고 있다.

우리 인생의 여름날 같은 폭염에도 산과 들과 바다와 같은 안식처를 발견할 수 있기를 바라는 것은 신의 선물 같은 고난일 것이다.

여름날 영적인 노동

무더위는 최고조에 이르렀다. 장마가 여기저기에 고통과 아픔의 흔적을 남기고 갔다. 나의 삶도 무더위와 함께 진행할 일정들이 태양열만큼 과부하에 걸렸다. 이 무더운 여름과 나는 대결할 자신도 없지만 내 일상을 수레에 싣고 가듯 걷는다. 서투르고 잡음이 많은 삶을 꽃 피우려고 애를 썼다.

때론 완벽을 위해 수놓아 보았다. 그럴 때마다 완벽함이란 저 멀리 달아나 버리고 부끄러움과 나이에 맞지 않는 수치가 돌아온다. 이런 반복적인 삶의 그림자가 요즘에는 더 드리운다. 나의 일상에도 장마와 먹구름의 삶으로 주변을 무겁게 하는 날들이 겹쳐진다. 밤샘을 하는 날이면 기억력이 잘 회복되지 않고 몸이 민첩함을 잃어버리게 되고 만다.

할 일이 늘 많은 여름의 수련회로 인하여 밖으로 나간다는 것은 어려운 일이다. 책상에 앉아 파워포인트 작업이며 여름수련회 교재에 집중을 하는 시기이다. 해마다 여름이면 반복되는 일인데도 늘 조급하고 시간에 쫓기게 된다. 무더위는 숨을 쉬기 어려울 만큼 발목을 잡는다.

올여름은 잠시도 에어컨이 가동되지 않으면 손에 묻어나는 땀으로 인해 자판에 손이 달라붙고 만다. 이중 삼중의 철벽을 뚫고 여름의 수련회 행사를 위해 수레를 끌듯이 달려가야 한다. 결국은 나의 영혼을 이끌어 가는 영적 노동을 위해 지불해야만 하는 과정이다. 이렇게 쓰임받는 날이 계속되기를 바라나 이미 내 육체는 기능이 신선하지 못한 게 아쉽다.

간혹 급한 일로 친분 관계상 접대를 해야 할 일이 있다. 외식을 하게 되면 못다 한 이야기를 하려는 듯 카페로 가는 게 버릇이 되었다. 도시가 발달하면서 휴식공간이 즐비하게 들어선 곳이 카페 문화이다.

카페는 완전히 한국식 유럽형의 문화로 다양하게 변화되고 있는 것 같다. 어쩐지 카페를 보면 발길이 멈춘다. 그곳에 가면 이야기가 솔솔 막힘없이 음료처럼 달콤하게 넘어갈 것만 같다. 분주한 마음을 정리하면 될 것 같은데도 그곳에 가야만 마음이 내려놓아진다.

이러한 문화의 카페는 인간의 오랜 삶 속에서 묻어

나온 일종의 담화를 위한 장소 같다. 우리의 고유문화인 사랑방의 현대식 변천사를 쓰고 있는 이야기 공간을 사랑하게 된다.

취향에 맞는 작은 카페마다 대부분의 커피 맛이 좋다. 조각 케익의 달콤함은 마음의 안정제와 같이 감정을 식혀 준다. 만약에 내가 남자로 태어났더라면 술을 좀 하지 않았을까 싶다. 술기운에 복잡한 감정들을 삭히고 알콜이 주는 몽롱함을 빌려 현실을 잠시 내려놓고 쉬고 싶은 주막집을 정해 놓았을 것이다.

누구든지 무엇인가에 취해 사는 것은 막을 수 없는 인간의 필연적 도구인 것 같다. 이런 인간의 필연적 도구가 필요하다면 이왕이면 예술에 취하고 일에 취하고 봉사에 취하는 길을 만나면 좋겠다. 내가 하나쯤 취해서 사는 일이 분명 나를 진보시키고 다른 사람들에게도 영감을 주는 일을 만난다는 것은 모두에게 행복인 것이다.

아이스 아메리카노를 시킨 날 쓴맛이 강했지만 바쁜 일정을 맞추기 위해 조각 케익과 함께 한 잔을 다 마셨다. 그날, 밤을 새우고 새벽 5시까지 수련회 교재 일부를 마무리할 수 있었다. 이렇게 쓰디쓴 커피 한 잔이 나의 실패를 회복시켜 주었다. 전날까지 80프로 완성된 교재의 분량이 워드를 잘못 눌러 완전히 삭제되었기 때문이다.

까마득한 일들 앞에 나의 한계와 무능함을 탓하며 보내다가 일정상 더 미룰 수가 없어 밤샘을 작정한 날이었다. 다행히 커피의 각성작용으로 날아간 원고의 대부분을 회복시켜 놓았다. 그러나 이틀이나 두통이 지속되었고 몸은 알 수 없는 혼미함에서 깨어나지 못했다. 이렇게 해서 나의 열정적인 여름날은 가고 있음을 알게 되었다.

나의 계절은 더 이상 여름이 아니다

나의 여름날의 인생도 기울어 가고 있는 것이 분명하다. 나의 몸은 오래전에 반응하고 있는데 나의 일과들이 그러한 사실을 부인하고 여름날의 옷을 걸치고 방황하고 있는지도 모르겠다. 나의 영혼에 위로와 격려를 보내야 할 시기를 알 수 있다면 좋겠다. 늦어지지 않도록 삶의 계절을 잘 영위하고 싶어진다.

나의 삶이 가을을 지나 겨울에 들어섰다면 분명한 결실로 기뻐해야 마땅하다. 너무 높은 이상을 향해 달려왔다면 여전히 만족하지 못한 채 소중한 열매를 받아들이지 못한 것이다. 이런 욕심과 오해들을 거둬내고 진실한 맘으로 나의 계절을 맞이하고 축복하고 싶다. 그리고 축복을 받고 싶은 것이다. 그건 사람들로 인해 눈살 찌푸리는 일이 없기를 바란다.

여전히 나의 계절을 확인하기 어려운 상황이라서 생각과 마음이 타협을 하지 못했다. 어떤 날은 차라리 겨울의 인생을 맞이하고 긴 침묵 속에 나를 가두고 싶기도 하다. 설원의 삶이 되어 침묵으로 드리운 세상이 된다면 나의 세상에 돌팔매질은 하지 않을 것 같다.

침묵의 계절을 맞이하고 싶은 날은 나의 허물이 심하게 드러난 날이다. 이런 허물은 단연코 말의 실수에서 찾아온다. 따뜻한 말이 생각나지 않아 상대방에게 찬물을 끼얹은 나를 보게 될 때이다. 나라는 위치에 잘 포장이 되어서 상대방이 눈치채지 못해도 나의 말이 나에게 돌아와 가슴을 도려내는 날이다. 나의 부끄러움은 이런 말의 실수로 종종 발생한다.

상대방의 마음을 잘 읽고 비추이는 거울이고 싶다. 그들의 마음을 품고 씻어주는 강물이고 싶다. 그들의 꿈을 실어 나르는 바다이고 싶은 몸부림으로 여기까지 나의 삶을 영위하고 있는지도 모른다. 그런데 실상 나의 삶의 계절을 알지도 못한 채 더 큰 꿈을 꾸고 있다.

내 곁에서 나를 바라보는 사람들과 함께 날고 싶다. 이런 비상은 여전히 실패한다. 비상한 듯하다가도 쉽게 다시 떨어지고 마는 것이다. 아주 작고 사소한 일상의 일들로 한숨을 쉬고 내려앉고 마는 것이다. 그럼에도 불구하고 여전히 다음 날이면 나의 몸은 하늘의 비상을 준비한다. 그리고 영락없이 어제보다 더 깊은 나락으로 떨어진 채 지상 밑으로 가라앉는다.

때때로 나는 쓰디쓴 아픔과 허물로 인해 수치의 더러움에 치를 떨며 형벌을 받는다. 이런 날이 먹구름에 가리운 것 같다가도 어둠과 씨름하고 나면 가을 하늘처럼 맑아진다. 더 이상 자랑할 것도 내세울 것도 없는 빈 하늘에 걸리운 구름 조각 같은 나를 본다. 이것이 바로 내가 올라갈 수 있는 하늘의 일부인 것이다.

나의 고뇌와 아픔 없이 나의 쓰디쓴 실패로 담금질하지 않고 비상할 수 없음을 본다. 오늘도 내 삶의 쓰레기통을 들여다보려고 한다. 나의 비상을 꿈꾸며 참회하고 아픈 상처들을 바라보며 아무것도 아닌 나를 볼 때 나는 갑자기 가벼워진다.

나는 빈 가지 끝에 구름이 걸리고 하늘이 걸린 삶을

바라본다. 자신의 것을 다 내어주고 비로소 십자가에 오르신 분처럼 하늘 구름 걸린 빈 가지의 꿈을 꾼다. 이제 뜨거운 여름날 삶의 수레바퀴가 어디쯤에서 멈출지를 배우고 있는 중이다.

여름의 추억(꽃)

어머니 냄새가 나는 분꽃

8월의 뜨거운 열기가 밤마다 사그라지는 날 외출하고 싶은 반려견을 위해 문밖을 나왔다. 마당 한켠에서 진한 분꽃의 냄새에 이끌려 발을 멈춘다. 분꽃의 향기, 말없이 이 좋은 향기를 배달해 주는 아름다운 꽃의 수고에 답을 해야겠다. 그녀의 꽃말처럼 낮에는 부끄러워 밤에만 피어나는 것인지도 모르겠다.

고운 향기를 뿜어내는 분꽃은 어둠 속에서 빛나는 향기인지도 모른다. 하루의 일과를 마치고 돌아오는 가장들을 맞이하는 어머니의 마음처럼 사랑스러운 냄새가 가득하다. 어린아이를 안고 젖을 물리는 엄마 품에서 맡아보는 사랑의 향기와도 같다. 수줍은 어머니가 아기를 살며시 안고 젖을 물리듯이 분꽃은 어둠에 피어나서 밤하늘을 위로하고 있다.

그날따라 하늘은 흰 구름이 밤하늘에 넓게 퍼져 있다. 마치 흰 가루를 하늘에 뿌려 놓은 듯이 하얀 가루가 널려 있다. 어머니가 저녁이면 밀국을 끓여주기 위해 커다란 쟁반에 뿌려 놓은 밀가루가 생각난다. 밀가루를 뭉쳐서 바라보고 있는 우리 남매에게 한 덩이씩 떼어 주셨다. 찰흙처럼 만지고 놀 수 있도록 선심을 쓰신 것이다. 어머니의 이런 지혜는 자신의 하는 일에 재미있고 행복한 질감을 느꼈기 때문일 것이다.

밀가루를 반죽하는 자신의 노동을 힘겨운 것으로 생각했다면 이런 행동은 할 수 없었을 것이다. 자신이 빚고 있는 밀가루의 감촉과 흥미를 우리에게도 내어 준 어머니이시다. 도시의 불빛에 하늘에 퍼진 흰 구름을 보니 문득 어머니가 밀가루를 온 하늘에 뿌려놓으신 것만 같아서 행복하다.

분꽃의 씨앗에 흰 가루가 묻어 있어 분꽃이란 이름으로 불리운 분꽃의 향기는 하늘을 위로하고 있는 밤을 발견한다. 매일 똑같은 일상인 것 같은데 매일 새로운 일들이 펼쳐지고 있는 것이다. 지구는 매일의 일기를 쓴다. 하늘에 기록하고 땅에 기록하고 꽃들에 기록하고 있나 보다. 이 아름다운 이야기들을 오늘은 잠시 들을 수 있는 것 같아 기쁘다. 내가 우주와 함께 살아 있는 것만 같다. 우주가 하루하루 걸어가는 발자국의 뒷모습을 바라본 것만 같다. 이날따라 하늘의 별들이 나의 작은 동산을 보고 있다. 나도 눈을 떠서 그를 바라보고 있는 이 늦여름 저녁 시간이 뜻밖에 우주의 별을 마주하고 있는 건 신비한 축복이다.

집에 들어와 책상에 앉아 있는데도 열린 창문으로 분꽃의 향내가 난다. 자신의 향기를 밤마다 품어내는 분꽃의 일과는 어머니의 손길처럼 분주하다. 온갖 향기로운 일을 하면서도 조명받지 못하고 삶의 언저리에서 알아지는 어머니의 향기를 닮았다. 오돌도돌 까망 씨앗을 분신처럼 여린 잎 위에 낳아 올려놓은 자식 같은 씨앗은 참 큼직하다.

분꽃은 피우기 어려운 꽃을 피워낸다. 분홍빛의 엷은 다섯 잎의 꽃잎을 피우다가도 노란 꽃을 피운다. 이 노랑과 분홍이 함께 섞여 있는 꽃을 피우기도 한다. 흰색의 분꽃이 흔하지 않게 핀다고 한다. 어느 땐가 이런 귀한 색깔의 분꽃이 나의 앞마당에도 별처럼 떨어질 것을 고대한다.

여름밤 하늘은 태양의 뜨거운 열기 탓인지 붉기만 하다. 노구의 몸을 일으켜 가꾼 텃밭에서 어머니의 사랑은 익어만 간다. 노란 호박 모양의 멜론을 두 개나 따오셔서 금색 보자기에 숨겨 놓고 가셨다. 절뚝거리시며 계단을 기어서 올라오셔도 어머니는 여전히 섬기고 보살필 자가 있는가 보다. 그 사랑의 샘물은 영원히 마르지 않을 것만 같다. 여름날의 뜨거운 태양도 어머니의 마음을 묶어 두지 못한다. 나의 감시망도 소용이 없다. 잠깐 내 눈에 보이는가 싶으면 안 보이신다. 잠깐 밖에 나가시는 듯이 사라지면 뙤약볕에서 텃밭 풀을 매고 계신다. 이제 화도 나지 않는다. 어머니의 일상이셨고, 꿈이셨고 어머니의 기업이시며 큰 사업이라는 생각이 든다. 두어 줄엔 땅콩이 자라고, 두어 줄엔 방울토마토며 옛날식 토마토가 둔탁하게 매어달려 익어간다.

알 수도 없는 풀이 없어진 곳에 아마도 이런 노란 신품종의 애호박 크기만 한 멜론을 키우신 것이다. 그 열매가 자라는 게 궁금해서 아마도 기다시피 엎드려서라도 밭으로 달려가셨던 것이다. 만사 제쳐놓고 익기가 무섭게 내 입에 넣어 주시는 어머니에겐 아직도 어머니의 아기인가 보다. 투박하고 큰 토마토가 거칠다고 불평할까 봐 껍질을 다 벗기고 설탕을 뿌리고 재어서 냉장하였다가 가져오신다. 어머니에겐 손수 키우신 큰 보물이고 상급인 양 사냥감처럼 내게 가져오신다.

그럴 때마다 어머니의 보물 앞에 감탄하고 고마워해야 하건만 나는 여전히 냉정한 딸이다. "설탕을 왜 뿌렸냐? 누가 이렇게 먹느냐? 토마토를 갈아서 계란과 함께 스튜로 끓이면 얼마나 맛이 있고 영양가가 있는데…… 누가 이거 먹느냐?" 무참히도 어머니의 손길을 박대하고 야단치는 나는 엉망이다. 나의 슬프고도 어리석은 투정을 이제 그만두고 반갑게 받아서 이웃과 함께 나눌 여유가 생겼다.

내년에는 투정 없이 다 받아먹으면서 어린아이 같은 표정으로 웃음을 드리고 싶다. 옥수수도 두어 줄 심으셨다. 거름이며 밭 가는 일들을 때론 다른 분에게 의지해야 하는 미안함에 그만두시라고 해도 어머니의 사업을 막을 순 없다. 올해도 어머니가 키우신 옥수수가 가장 맛이 있었다. 내 입에 들어간 것은 고작 한 자루 밖에는 안되지만 어머니의 옥수수 맛은 다들 좋다고 한다. 옥수수를 따서 보자기에 둘러메고 질질 끌고 오시는 일을 멈추지를 않으신다. 손수 압력밥솥에 찌시고 수십 개를 쟁반 위에 올려놓고 보자기로 싸서 등에 메고 내 방문 앞에 갔다 놓고 가신다. 옆집에 사시는 어머니는 내게 방해가 될까 봐 날마다 천사가 되어 새가 먹이를 나르듯이 날라 놓으신다.

수련과 연꽃 사이

늘 마음에 그립던 분이 살았던 99칸 고택을 찾아갈 기회가 생겼다. 20분이면 들릴 수 있는 지척에 계셨건만 너무나 먼 거리였다. 무더운 여름이 가을로 들어서면 매미의 울음소리도 바뀌어 가는 날이었다. 생가의 묵직한 대문이 열려져 있고 집 앞 들판에는 연꽃이 운동장만큼 조성되어 있었다. 구름이 우산처럼 햇빛을 가려주어 여유롭게 들판을 보니 그분의 마음이 먼저 마중 나오신 것만 같다. 어린아이 치마폭 넓이만 한 잎들이 온 들판에 덮여 있다. 잎 사이로 높게 솟아난 연꽃잎이 고요한 얼굴빛으로 웃고 있다. 생전에 그분의 덕스러운 미소만큼이나 다정한 웃음을 마당 앞에서부터 마주하게 된다.

연잎의 크기만 보아도 넓은 그분의 마음은 누구라도 보듬을 수 있는 손처럼 펴져 있다. 초록의 잎에서 반사되는 태양 빛들을 무색하게 할 만큼 한 여름의 더위가 접근할 수 없는 못을 만들어 버렸다. 그 집 앞을 지키는 문지기같이 높은 방패를 치켜들 듯이 잎사귀를 펼치고 있다. 사이사이 연 열매가 익어가고 있다. 초록의 반토막으로 잘려진 듯한 열매들이 자신의 마음을 쪼개어 나누던 분의 마음과 닮아 있다. 그렇게 너그럽고 부지런한 잎사귀가 또 있을까 싶다. 연잎들이 생전에 즐겨 입으셨던 고운 한복 저고리처럼 곱기만 하다.

그분이 태어나신 99칸 집 안에는 여전히 생동감이 흐른다. 고택에서 느낄 수 있는 오래된 향기가 아닌 금방 누군가가 빗질을 하고 간 듯 정갈하고 참 따뜻하다. 그분이 앉았을 툇마루에 걸터앉아 기도를 드렸다. 무슨 기도를 했느냐고 해설사께서 물으신다. 이런 분이 계셔서 고마웠고 다시 이런 분을 만나게 해 달라고 기도했노라고 답을 했다. 해설사는 너무 욕심을 부리지 말라고 하신다. 이유는 아주 단호하셨다. 다시는 이런 분이 나올 수도 없고 흔한 일이 아니니 그런 일을 바라는 것은 욕심이라고 하신다. 듣고 보니 그 해설가의 말씀도 맞는 것 같았다. 이런 덕스러운 분이 태어나는 것은 자신만의 수양으로 되는 것이 아니기 때문이란다. 부모님의 훌륭한 교육과 생활을 통해 태어날 수 있는 일이라는 것이다. 부모님으로부터 보고 배운 훌륭한 삶의 바탕이 자식의 인격으로 형성되는 과정은 기적에 가까울 것이다.

큰 재력을 물려받은 아버지께서 산과 땅에 무언가 소중한 게 묻혀 있을 것이라는 생각으로 연구한 결과 광산업에 종사하게 된다. 밭에서 나온 농작물은 단순히 소비하는 것으로 끝내지 않고 유통사업을 하셨다. 많은 신문물을 받아들여 집 안에 영사기까지 갖추고 누에고치 과정을 보여 주셨단다.

가난한 사람들에게 논밭을 빌려 주실 경우 아무리 흉년이 들어도 도지세를 받으셨다. 어떻게 보면 세금을 깎아 주지 않은 야박한 모습이지만 그 속에는 더 심오한 계산이 있었다. 어려운 사정을 살펴주다 보면 난관을 극복할 지혜도 힘도 사라지기 때문이다. 반드시 약속을 지킨다는 것은 사명을 다한 삶의 주역이 될 수 있는 길로 인도한 리더의 모습이기도 하다. 단순히 인정 많은 주인이 되기보다 사람들에게 자신의 어려움도 극복할 수 있는 길을 터득하게 한 큰 어른이셨다.

부친의 돈에 관한 사상도 독특한 점을 들을 수 있었다. 돈을 지출할 때는 반드시 돈에게 말을 했다는 것이다. "너는 나가서 꼭 좋은 일을 하고 필요한 곳에 쓰이다가 집으로 올 때는 새끼를 데리고 오라"고 하셨단다. 들어온 돈은 반드시 다리미로 잘 다려서 보관하셨다고 한다. 참으로 돈을 대하는 마음이 범상치 않으셨던 부친 밑에서 금전을 대하는 마음도 남다르셨을 것이다. 이런 아버지의 경제관과 사업가적인 성향은 긍정적 사유의 뿌리가 되었을 것이다.

그분의 어머니는 사람을 사랑하셨던 분이시란다. 어렵고 가난한 이웃들이 먹을 것을 얻으러 오는 것을 알고 언제나 대문 앞에 양식을 준비해 놓으셨다. 큰 한옥 집에 이복형제 18명과 일하시는 분들까지 늘 50여 명이 상주했다고 한다. 다소 복잡한 가족관계 속에서도 오히려 인간에 대한 동정심을 배우게 된다.

그분은 생전에 어려운 이웃을 진정한 친구처럼 돌보셨다는 일화들의 진정성을 엿볼 수 있다. 그분의 모습은 만인의 어머니와 같은 모습을 하고 계신다. 자애로우신 분의 미소를 바라보면 누구든지 얼어붙은 마음도 녹일 수 있게 하신다. 그러면서도 어딘가 나라를 사랑하고 안타까워하시던 근심의 빛도 비친다. 짧은 인생 총탄에 맞아 자신의 목숨이 목련처럼 낙화할 순교자의 초연한 모습도 보인다. 그립고도 마음 한편이 늘 저려오는 분이

시다. 충북 옥천 작은 도시의 대궐 같은 정승이 태어난 집에서 고고하게 자라나신 한 많은 그분의 생가를 둘러보게 되었다.

마당 한켠에 수련이 연못 위에 피어 있다. 수련은 잠을 자는 꽃이라는 뜻이다. 우리가 방문한 시각은 꽃이 피는 11시쯤이었다. 밤에는 물속으로 들어가서 잠을 자고 낮에는 물 위로 올라와서 피는 꽃이다. 노란색, 주황색, 분홍색, 주홍색, 흰색의 꽃들이 피어 방문객을 맞이해 주고 있다.

경회루를 닮은 집 한 채가 연못을 마주하여 지어졌다. 사람을 맞이하고 연회를 했을 그 장소에서 여전히 그분은 방문객 한 사람 한 사람을 수련이 되어 맞이해 주는 듯하다. 그 고운 마음이 때때로 수면 아래 감추이고 때가 되면 태양 꽃처럼 피어나 수많은 사람의 마음을 만져 주셨던 고 육영수 여사님의 고택이다. 이 땅에 영원한 꽃이 되어 주신 분 때문에 많은 사람들이 사람답게 사는 길을 잃지 않을 것이라고 본다. 수련꽃이 피는 시간처럼 그분의 마음을 배우는 국민들의 눈높이가 되어 영원히 우리 곁에 머물기를 바란다.

가을에 일어서는 풀꽃

별을 닮은 여뀌 식물

가시여뀌가 흰 별 밭처럼 펼쳐진 가을 숲길을 걷는다. 작은 안개꽃보다 더 작은 꽃봉오리들이 가을 풀숲에 떨어진 별들 같다. 작은 꽃이라서 홀로 피었다면 보이질 않을 정도이다. 무리 지어 아득히 먼 밤하늘의 작은 별처럼 떨어져 있다. 풀꽃들도 꽃이 되고 싶어 가을을 기다려 자신의 세상을 만든 것이 가슴 뭉클하게 한다. 모양은 안개꽃같이 어여쁘기만 한데 이름은 가시여뀌다.

그 옆으로는 붉은색 작은 꽃들이 줄기에 다닥다닥 붙어 있는 이삭여뀌도 제법 멋지다. 긴 꼬리 같은 줄기에 좁쌀만 한 붉은 알맹이 꽃들이 붙어 있다. 이삭여뀌의 줄기는 다른 여뀌보다 길게 뻗어나간다. 넓은 잎사귀 사이에서 길게 뻗은 줄기가 바람에 흔들흔들 춤을 춘다.

실낱같은 줄기에 붉은 꽃망울이 길게 붙어 있다. 깨알같은 구슬을 달고 흔들리면 가을 풀숲에 공작새의 춤사위보다 더 빛난다.

바보여뀌의 줄기에도 붉고 작은 열매들이 달려있다. 이삭여뀌로 보이지만 줄기가 여러 갈래로 퍼져있는 것이 다르다. 이삭여뀌는 선홍색의 붉은 꽃을 한 줄기에 달고 있다면 이 바보여뀌는 여러 갈래로 뻗은 분홍빛이다. 잎은 이삭여뀌보다는 작고 시작과 끝부분이 좁아지고 검은색을 덧칠한 모양새이다. 바보여뀌는 여뀌식물의 매운 특성이 없으면서도 여뀌를 닮아 바보여뀌라는 말도 있다.

개여뀌는 이름보다 이쁘고 눈에 잘 구별되는 앙증맞은 풀꽃이다. 가느다란 줄기에 붙어 있기보다는 끝자락에 벼이삭처럼 매달려 있다. 붉은 자주빛이 나면서 줄기 끝에 모여 피기 때문에 작고 탐스러운 수수 모양을 닮아 있다. 이 어여쁜 개여뀌는 여뀌의 특이한 매운맛이 전혀 나지 않고 꽃받침이 없어서 가짜라는 '개'가 붙여진 것이다. 꽃잎이 없으면서도 꽃받침이 꽃처럼 피어 꽃보다 예쁜 개여뀌가 깜찍하다.

장대여뀌는 줄기가 여러 갈래로 갈라지면서 연분홍의

꽃이 열매처럼 붙어 있다. 이삭여뀌에 비해 약간은 무질서한 모양으로 여뀌들의 세상을 이루고 있다. 서로 엉키고 설켜서 쭉쭉 뻗어나가 풀숲을 점령하고 있다. 작고 하찮아 보이는 이 장대여뀌들의 번식력으로 풀숲은 장관을 이루고 있다. 서로의 줄기가 엉킨 곳에 작은 열매 같기도 한 연분홍빛의 꽃송이들이 새도 아니면서 풀숲에 별 같은 알을 낳은 것 같다.

여뀌풀 친구들

여뀌의 사촌같이 생긴 풀들의 이름은 파리풀이다. 여뀌보다는 덜 아름답지만 이들도 나름 가느다란 줄기를 위로 곧게 뻗어 작은 씨앗 같은 꽃들을 달고 하늘에 감사라도 하듯 하늘거린다. 이파리는 바보여뀌도 닮아있고 오죽烏竹의 가느다란 잎사귀처럼 풀과 대나무 사이를 오락가락하고있다. 이 작은 풀들의 소망과 생명체들의 모양은 이렇게 가을에 이르러 곡식처럼 아름답게 익고 있다.

며느리밑씻개라는 이름을 가진 어여쁜 꽃이 피어있다. 여뀌들의 틈에서 소녀처럼 올망졸망 서로의 등을 기대고 이름이 부끄러운 듯 수줍게 피어있다. 꽃의 가슴과 꽃받침은 희고 꽃자락은 분홍빛으로 신비로운 빛이 감돈다. 봉오리는 마치 이른 봄에 진달래를 살짝 닮아있다. 잎사귀는 긴 삼각형 모양으로 여뀌들과 쉽게 구분이 간다. 줄기는 오돌도돌한 돌기에 여러 갈래로 나뉘어져 꽃이 달려있다. 부인병에 약효가 있어 며느리라는 이름이 붙여졌다는 설도 있다.

그러나 며느리가 미운 시어머니가 뒷일을 처리하기 위해 이 날카로운 풀을 사용하도록 하여 붙여진 이름이라는 서러운 꽃이다. 그녀의 아름다움으로 이름에 대한 서러움이 꿀꺽 삼켜진다.

허브잎을 닮은 산박하도 보랏빛 꽃을 꽃대에 달고 함께 어울려 자라고 있다. 잎사귀를 비비어 코에 대보아도 영 박하 향기가 나지 않는다. 차라리 '개' 산박하꽃이라는 편이 어울릴 것만 같다. 그래도 이 풀꽃들 사이에서 오묘한 보랏빛 때문에 '개'라는 이름을 면한 게 아닌가 싶어 용서하는 마음을 가져본다.

하찮은 풀의 세상에 이 오묘한 보랏빛의 꽃만 피워주어도 풀꽃들의 세상이 아름다움을 더한 것만 같다. 풀꽃들의 어울림을 생각하니 허브를 닮은 잎사귀에도 향내를 바랄 게 없어졌다.

서로를 품고 자라는 가을의 산자락에 가지주름조개풀이라는 보라 풀꽃도 어여쁘다. 대나무를 닮은 잎사귀 사이로 대가 올라와 벼이삭 같은 모양에 까칠한 털이 뻣어있다. 새우 수염 같기도 하고 고양이 수염 같기도 한 뾰족한 털이 나 있다. 대나무 잎사귀 모양을 하고 땅에 낮게 퍼진 풀이다. 꽃봉오리는 벼이삭 같은데 핀 모습은 벼 낟알 같은 꽃받침 위에 보라꽃이 피어있다. 그래도 심심할까 봐 꽃 사이로 긴 털을 수염처럼 달아놓았다.

묏미나리 풀꽃이 흰 당근꽃을 닮아 작은 별꽃처럼 피어있다. 산에 오르면 쉽게 볼 수 있는 하얀 색의 꽃이다. 화려한 당근꽃에 비길 순 없지만 눈길이 간다. 묏미나리 꽃과 비슷하나 색다른 구조를 한 산기름나물꽃이 보인다. 이 꽃은 마치 꽃대 위에 여러 갈래의 꽃을 피운 모양이 현미경으로 관찰한 눈의 결정체를 닮아있다.

쑥 모양을 닮은 흔한 잎사귀라서 여름에는 지나칠 수밖에 없는 풀인데 가을이 되니 눈 결정체 모양의 꽃이 피었다. 빛나는 영광의 면류관을 쓴 풀들의 삶을 내려다보고 있으려니 가슴이 벅차오른다.

늘 푸른 맥문동의 휘어진 잎 사이로 꽃은 지며 초록의 열매들을 맺어놓았다. 맥문동의 꽃도 연보랏빛이다. 고상한 보랏빛 꽃들의 향연으로 수놓아져 가는 가을 산자락은 부요하기만 하다. 자주색의 화려한 모양의 물봉선도 가을 산에 아직 피어있다. 손톱에 물들이며 놀았던 봉선화와 많이 닮아있다. 잎사귀도 여름 봉선화보다 더 넓고 깻잎 모양을 한 토종 봉선화이다.

외래종 여름 봉선화가 지고 나니 가을 산에 자줏빛 물봉선을 보고 나서야 고개를 끄덕여 토종의 존재감을 기억해 본다. 노란색의 선괴불주머니꽃은 초록의 숲속을 환하게 비추는 촛대처럼 잘 어울린다.

아카시아 같은 좌우대칭의 잎 모양을 한 미모사가 들풀 사이로 겨우 몸을 펴고 있었다. 운동을 하는 식물로 알려진 미모사를 만져볼 겨를도 없이 공작새와 같은 꽃이 피는 작은 자귀나무 잎을 보고 나서야 '아차!' 싶었다. 비슷한 잎 모양이라서 유명한 미모사를 만져보지 못한 채 스치고 지나가서 아쉬웠다.

식물이 운동을 하는 걸 밤과 낮의 현상으로나 볼 수 있는데 낮에도 만지기만 하면 오므라들어서 전설이 생긴 식물이다. 보물 식물을 보고도 만져보지 못했으니 보물을 쉽게 얻을 수 없는 이치 같다.

다음에 어린이들과 함께 가서 실험해 보자는 계획을

세우니 아쉬움이 덜하다. 아이들에게 일상의 작은 발견을 통해 식물학자의 꿈을 심어줄 기대감을 가져본다. 그러고 보니 오늘 가을 숲속 나들이가 보람되다.

가을 나무

꽃이 져 버린 대팻집나무 옆을 지나쳐 걷는다. 이제는 아주 익숙한 나무 이름을 부르며 오르는 숲길이 친숙해졌다. 단풍나무들이 즐비하게 서 있는 길을 지나서 계수나무도 바라보며 걷는다. 키가 큰 일본잎갈나무 앞은 숲길이 고속도로처럼 펼쳐진다.

영춘화의 줄기가 내려진 은행나무 담을 지나서 내리막길을 간다. 중국단풍나무 기둥들의 거칠고 투박한 곁을 지나노라면 참나무들도 만난다.

나무 표면이 두꺼운 껍질로 덕지덕지 누더기 옷을 입은 것 같은 굴참나무의 이름을 불러가며 걷는다. 떡갈나무며 신갈나무며 상수리나무들이 도토리들을 떨어트릴 날을 준비하고 있다. 올해는 도토리를 다람쥐에게 양보하고 사람의 양식으로 줍지 말자고 부탁해 보고 싶다.

은사시나무 옆을 스치면 은갈치가 투영되어 바다가 펼쳐진다. 나무 이름을 부르는 순간 바닷속 해초가 흔들리듯 주변이 온통 바다 같아서 좋다. 층층나무 곁을 지나 산딸나무를 곁눈질하며 걸어간다.

산초나무의 푸른 열매들은 검은빛으로 물들어 가려면 아직 많은 인내가 필요하듯이 매달려 있다. 물푸레나무 잎들이 나를 반기는 길을 지나기도 한다. 아직 푸른 열매인 산수유나무 옆을 의미 없이 지나서 숲길을 걸어간다.

나무들 사이에도 열매 맺은 맥문동이 다시 눈에 띈다. 열매가 검정콩만큼 익어가려면 많은 하늘의 햇살을 먹어야 한다. 겨우내 맥문동 잎사귀는 푸르기만 했다. 부추 잎을 닮은 잎사귀가 부드럽게 휘어져 발등을 덮은 사이로, 검은 열매가 까마귀 눈동자처럼 영롱하게 빛날 날을 기다려본다.

올해는 낙상홍의 열매가 푸른 잎 아래로 앵두처럼 매달려 있다. 이 아름다운 열매에도 불구하고 아직 낮은 땅을 바라보게 되는 이유는 무엇일까? 풀꽃들이 열매처럼 더 예쁜 탓인 것 같다. 나무도 아니면서 작은 잎과 줄기들의 몸통으로 피워낸 그들만의 삶의 가치가 더 위대해 보이기 때문이다. 그렇다며 답을 하듯 데이지의 하얀 꽃들이 사진을 찍을 수밖에 없도록 내 마음을 앗아간다.

풀꽃들을 바라보니 조금 전에 본 나무 열매가 윤노리나무 같기도 하다. 윷놀이할 때 쓰는 윷을 만드는 나무라고해서 윤노리나무라는 열매이다. 소[牛]의 코를 뚫고 끼우는 코뚜레를 만들어서 우비목牛鼻木이라고도 불린다는 나무 열매인지도 모를 일이다. 국화도 아니면서 국화처럼 펴있는 미국가막사리꽃들이 다시 낮은 땅을 바라보게 한다.

산겨릅나무를 올려다보니 실타래 같은 열매들이 주렁주렁 매달려 익어가고 있다. 꽃댕강나무를 보고서야 고개를 들게 된다. 땅도 하늘도 아닌 꽃댕강나무가 나지막한 키에 봄꽃처럼 피어있다. 꽃받침이 뒤로 젖혀있어 지저분하지만 작은 나팔 모양의 분홍꽃이 수없이 나무 위를 가을 햇살로 장식해 놓았다.

풀꽃이 어머니처럼

보랏빛의 꽃들이 실낱같은 줄기에 매달린 모습은 보석 같다. 애달파서 보게 되고 가여워서 바라본다. 작은 등에 보랏빛 꽃을 업고 있는 것이 엄마의 일생 같아 멈추게 된다. 소래풀 같기도 하지만 자세히 관찰해 보면 층층이 피어있다. 꽃송이들이 줄기에 층층이 피어있어서 붙여진 이름 같다.

 허리에 꽃을 달고 있는데 줄기가 휘어지지 않은 걸 보면 줄기의 선택인지 신의 섭리인지 구분이 안 간다. 마치 실에 구슬을 꿰어 단 듯이 줄기에 꽃을 층층이 달아놓았다. 힘이 없는 이 층꽃나무는 겨울이면 풀처럼 말라 죽어서 층꽃풀로도 불리운다. 꿀도 많아 나비며 곤충들의 사랑을 받으며 사는, 가늘지만 부를 갖춘 풀꽃을 본다.

 하와이무궁화는 제법 큰 키와 병색 없는 모습이 우리나라 국화와 비교가 된다. 화려한 모습에, 태평양 여인들의 춤과 머리에 꽂힌 축제의 꽃으로만 보인다. 나의 무궁화는 흰꽃과 분홍꽃으로 피어 진딧물과 싸우며 생존하는 이 땅 조국의 무궁화가 위대하여 다른 무궁화와 견줄 수가 없다.

 무궁화가 차지한 마음의 자리는 그 어떤 꽃으로도 대신할 수 없을 것이다. 어머니를 대신할 자가 없는 것처럼 하와이무궁화꽃 위로 토종 무궁화가 오버랩(over wrap)된다. 그리고 나의 사랑을 확인이라도 한 듯 흐뭇하기만 하다.

 여름에서 가을까지 피는 천굴채千屈菜라고 불리는 부처

꽃도 자루에 연보랏빛 꽃들이 매달려 있다. 한 불자가 연꽃을 봉양하지 못해서 눈물을 흘리니 백발노인이 관음정 주변에 핀 자주색 꽃을 공양하라 한 데서 유래한 꽃 이름이란다.

서양에서는 천굴채꽃이 성 반테레온의 수호화로 불리운다. 기독교에서는 천굴채를 7월 27일의 꽃이라 하여 이날에 태어난 사람을 축복한다. 이 탄생화의 의미는 홀로 피는 특성을 따라 착하고 순수하면서도 강한 의지와 독립적인 성격을 대변한단다.

그러나 사람들의 손에 가꿔진 이 정원의 천굴채는 고독한 꽃이기보다 함께 피어나 라벤다의 모습처럼 숭고한 신앙심을 일으키고 있다.

꽃이 피는 동안 색이 계속 변화되는 란타나꽃을 만났다. 흰색, 분홍색, 오렌지색, 노란색, 붉은색이 함께 뭉쳐서 피기 때문에 작은 꽃송이들이지만 화사하다. 유럽의 뜨거운 여름, 도시 한 중앙에 큰 나무로 서 있는 화려한 란타나꽃을 보고 반해 버렸었다.

아메리카 열대지역에서는 잡초로 취급받지만 유럽에서는 사랑을 받는다. 집에서 키우는 동안 허브 향기를 맡으려고 잎을 종종 따서 비비며 괴롭히기도했다. 잎사귀에는 주름이 많아서 비벼도 쉽게 물러지지 않지만 톱니바퀴같이 까칠한 부분에 긁히기도 한다.

쉽게 건조해지는 낙엽 때문에 집에서 겨울을 나기엔 정말 많은 손길이 필요한 탓에 고사해 버리고 말았다. 마치 친한 친구와 작별한 후 우연히 마주치자 식어버린 우정에 어색한 감정을 맛본 기분이다.

당아욱꽃의 다섯 잎 진한 분홍꽃도 강렬한 에너지를 뿜어낸다. 살짝 무궁화를 닮은 듯하지만 꽃잎에 실핏줄 같은 자주색 줄이 선명하다. 흔한 꽃 같지만 심장에 자극을 주는 모양으로 보이는 이유가 있었다. 실필줄 같은 줄기의 꽃잎이 엄마의 마음을 닮아서 전설이 생긴 꽃 같다.

조선시대 왜구의 침략으로 마을 사람들이 학살을 당했다고 한다. 한 어머니가 아들을 살리고 자신은 죽음을 맞이하게 되었다. 아들은 부잣집에 양자로 간 후 과거에 급제하여 고향으로 돌아온다. 성공하여 어머니의 무덤을 찾아가 보니 당아욱꽃이 피어있었단다. 꽃말이 어머니의 사랑과 은혜, 자애, 온순이라는 말인 것처럼 이 꽃을 보는 순간 전설 속의 이야기를 감지한 기분이 신비하기만 하다.

구석지고 비좁은 곳에 노란색의 수까치깨꽃이 피어있다. 노란 옷을 입지 않았더라면 이 아이를 보지 못하고 지나칠 뻔하였다. 이름이 까치와 관련이 있을까 살펴보니 까치설날과 같은 의미로 붙여졌다.

이 수까치깨꽃이 지고 나면 붉고 긴 모양의 열매 속에 깨가 들어있을 것 같이 생겼다. 그런데 이 꽃처럼 예쁜 열매 속에는 깨가 들어있지 않다. 그래서 붙여진 이름이 '까치설날'에 사용되는 가짜라는 의미인 '까치'가 더해져서 수까치깨꽃으로 불리고 있단다.

우리나라 야생화들의 이름은 듣기만 해도 큰 의미를 부여한다. 꽃들의 일생을 소중히 여기고 관찰한 데서 붙여진 이름 때문에 한철의 풀꽃을 통해서도 인생을 깨우치게 된다.

예수님과 연관된 베로니카라는 학명의 연보라빛의 긴산꼬리풀꽃을 만났다. 예수님께서 골고다 언덕으로 십자가를 지고 가시던 중 무게를 견디지 못하여 멈추게 된다. 이런 모습을 본 성 베로니카가 예수의 얼굴에 흐르는 피와 땀을 닦아 주었다.

이때 베로니카가 지니고 있던 꽃에도 피와 땀이 떨어져서 이 꽃이 성스러운 베로니카로 불린다는 전설이다.

베로니카의 성스러운 일이 꽃 이름이 되었다는 의미이다. 꽃이 사람을 표현하기 위해 꽃말이 있고 사람이 꽃으로 불리기도 하니 신비한 교감을 무시할 수만은 없어서 조용히 꽃말의 뜻을 살펴보게 된다.

쿠르쿠마 꽃말은 '당신을 사랑합니다'이다. 단단한 꽃잎이 마치 연꽃처럼 보이지만 흰색의 꽃은 우윳빛을 닮은 목련의 담백하고 단아한 모양이다. 들여다볼수록 순수해지고 맑아지며 선함이 느껴진다. 그래서 사랑을 고백할 때 이 꽃을 많이 사용한다는 말이 맞는 것 같다.

독특한 재질의 이 꽃의 뿌리가 강황이나 울금의 원료로, 인도에서는 카레로 쓰이기도 한다. 뿌리까지 사람에게 나눠주는 고운 인심의 꽃이 쿠르쿠마였다니 놀랍다. 모양과 향기로 사람을 행복하게 하는 걸 뛰어넘어 뿌리까지 음식의 원료가 되는 쿠르쿠마의 꽃은 특별하다.

작은 생명체들의 세상이 아름다워 가슴을 열고 바라볼 수밖에 없는 가을을 맞았다. 그 작은 생명들의 존재가 있는 산에 오르면 거인 같은 내 마음을 만져주고 위로하는 힘이 신비롭기만 하다.

그들의 이야기에 눈으로 바라보고 귀를 기울일수록

보랏빛 산 이야기가 주렁주렁 가슴을 채워준다. 풀꽃의 세상에 초대를 받아 그 여린 꽃들의 향연에 거인 같은 인간이 위로를 받은 셈이다. 잡초의 운명으로 와서 꽃과 나무들과 비교해도 부족함이 없는 법이 되었다. 군락을 이루는 법으로, 때론 고독한 생존에서 그 향의 위대함으로 말해왔다.

하찮은 존재로만 여겨왔던 들풀이 가을을 만나자 어여쁜 색의 옷을 입고 나를 반긴다. 꽃의 옷을 입지 않았다면 주목받지 못한 채 이름도 아는 이 없이 메말라 고사했을 풀꽃을 본다. 조용히 들꽃 한 송이 마음속에 모셔놓고 하찮은 나의 삶의 모습일 때도 그렇게 피워보자고 타일러 본다. 풀꽃들이 엄마처럼, 늙으신 어머니의 눈물처럼 내게 들려주는 이야기에 귀를 기울이게 된다.

박정미 수필집

어머니의 하늘과 바다

초판 발행일 2024년 10월 30일

지은이 박정미
펴낸이 임만호
펴낸곳 창조문예사
등 록 제16-2770호(2002. 7. 23)
주 소 서울 강남구 선릉로112길 36(삼성동) 창조빌딩 3F(우 : 06097)
전 화 02) 544-3468~9
F A X 02) 511-3920
E-mail holybooks@naver.com

책임편집 김종욱
디자인 이선애
제 작 임성암
관 리 양영주

ISBN 979-11-91797-59-6 03810
정 가 12,000원

* 잘못된 책은 바꾸어 드립니다.